思想政治理论课实践教程

徐志红　刘　倩　主　编

中国矿业大学出版社

·徐州·

图书在版编目 (CIP) 数据

思想政治理论课实践教程 / 徐志红，刘倩主编.
徐州：中国矿业大学出版社，2025. 1. -- ISBN 978-7-5646-6412-1

Ⅰ. G641

中国国家版本馆 CIP 数据核字第 202460KX86 号

书　　名　思想政治理论课实践教程
主　　编　徐志红　刘倩
责任编辑　史凤萍　夏然
出版发行　中国矿业大学出版社有限责任公司
（江苏省徐州市解放南路　邮编 221008）
营销热线　（0516）83885370　83884103
出版服务　（0516）83995789　83884920
网　　址　http://www.cumtp.com　E-mail: cumtpvip@cumtp.com
印　　刷　苏州市古得堡数码印刷有限公司
开　　本　787 mm × 1092 mm　1/16　印张 9.5　字数 190 千字
版次印次　2025 年 1 月第 1 版　2025 年 1 月第 1 次印刷
定　　价　35.80 元

前　言

大学生是十分宝贵的人才资源，是民族的希望，是祖国的未来。加强和改进大学生思想政治教育，提高他们的思想政治素质，把他们培养成中国特色社会主义事业的建设者和接班人，对于全面实施科教兴国和人才强国战略，确保全面建成社会主义现代化强国，具有重大而深远的意义。

高校思想政治理论课是大学生的必修课，是帮助大学生树立正确的世界观、人生观、价值观的重要途径。实践教学是高校思想政治理论课教学体系的重要组成部分，是提高教学质量必不可少的环节。

为深入贯彻习近平新时代中国特色社会主义思想和党的二十大精神，在充分体现习近平总书记关于学校思想政治理论课建设的重要讲话和党的二十大精神的基础上，依据最新教学大纲要求，我们编写了这本《思想政治理论课实践教程》。

本书具有以下几个特点：第一，以教材为核心，以实践为载体，达到增强教学的亲和力、吸引力和实效性的目的。第二，以理论为基础，以现实为依托，达到理论联系实际的目的。第三，以应用为目标，以创新为手段，达到学以致用的目的。

本书在编写过程中借鉴、吸收、引用了其他研究成果，对这些成果的作者我们在此一并表示感谢。由于我们的研究水平有限，书中难免存在不足之处，敬请广大读者批评指正，并容我们以后修订改正。

编　者

目　录

专题一
领悟人生真谛　把握人生方向

第一部分　理论点睛

一、人生观是对人生的总看法

（一）正确认识人的本质

1. 马克思主义关于人的本质的认识

马克思运用辩证唯物主义和历史唯物主义的立场、观点、方法，揭开了人的本质之谜。他指出："人的本质不是单个人所固有的抽象物，在其现实性上，它是一切社会关系的总和。"[①]这一论断关注的是现实的、具体的人，强调从社会关系出发去把握变化着的人的本质，为人们认识人生、形成正确的人生观提供了科学的方法论。

社会属性是人的本质属性。每一个人都从属于一定的社会群体，都同周围的人发生各种各样的社会关系。人的社会关系的总和决定了人的本质。正是在一定的社会历史条件下，人们面对各种各样的境遇，在客观的不断变化的社会关系中实践人生，通过现实的生活逐渐地感悟人生，形成了相应的人生观。

2. 个人与社会的辩证关系

个人与社会是对立统一的关系，两者相互依存、相互制约、相互促进。社会是由一个个具体的人组成的，离开了人就没有社会。同时，人是社会的人，离开了社会，人也无法生活，社会是人的存在形式。

---

① 《马克思恩格斯文集：第一卷》，人民出版社 2009 年版，第 501 页。

（二）人生观的主要内容

人生观的主要内容包括对人生目的、人生态度和人生价值等问题的根本看法。人生目的回答人为什么活着，人生态度回答人应当如何活着，人生价值回答什么样的人生才有价值。这三个方面相互联系、相辅相成，是一个有机整体。

人生目的是指人们在社会实践中关于自身行为的根本指向和人生追求。人生态度是指人们通过生活实践形成的对人生问题的一种相对稳定的心理倾向和精神状态。人生价值是指人的生命及其实践活动对于社会和个人所具有的作用和意义。

人生目的、人生态度、人生价值三者相互影响、紧密关联。其中，人生目的决定着人们对待实际生活的态度和对人生价值的评判，人生态度影响着人们对人生目的的持守和人生价值的实现，人生价值制约着人们对人生目的和人生态度的选择。大学生只有深刻认识人生目的、人生态度、人生价值的内涵与意义，科学理解三者的辩证统一关系，才能准确把握人生方向，树立正确的人生观。

（三）人生观与世界观、价值观

世界观与人生观关系密切。世界观是人们对生活在其中的世界以及人与世界的关系的总体看法和根本观点。世界观决定人生观，有什么样的世界观，就会有什么样的人生观。价值观是人们关于价值的根本观点，对于人生观的形成和发展有重要的引导作用。

二、正确的人生观

（一）高尚的人生追求

服务人民、奉献社会的思想以其科学而高尚的品质，代表了人类社会迄今最先进的人生追求。人民群众是社会历史的主体，是社会物质财富和精神财富的创造者，是社会变革的决定力量。服务人民、奉献社会的人生追求，以历史唯物主义关于人民群众是历史的创造者的基本观点为理论基础，指明了人在成长和发展过程中应确立的人生目标和方向。

（二）积极进取的人生态度

人生须认真。以认真的态度对待人生，就是要严肃思考人的生命应有的意义，明确生活目标和肩负的责任，既要清醒地看待生活，又要积极认真地面对生活。

人生当务实。要把远大的理想寓于具体的行动中，不能好高骛远、空谈理想、眼高手低、浅尝辄止，否则就会脱离实际、一事无成。

人生应乐观。只有热爱生活的人，才能真正拥有生活。乐观豁达、热爱生活、对人生充满自信，体现了对自己、对生活、对社会的积极态度，这种态度是人们承受困难和挫折的心理基础。

人生要进取。人生实践是一个创造的过程。适应历史发展的趋势，以开拓进取的态度迎接人生的各种挑战，才能不断领悟美好人生的真谛，体验生活的快乐和幸福。

（三）人生价值的评价与实现

1. 正确评价人生价值

既要看贡献的大小，也要看尽力的程度；既要尊重物质贡献，也要尊重精神贡献；既要注重社会贡献，也要注重自身完善。

2. 人生价值的实现条件

人们在实践中努力实现自己的人生价值。但是，人们的实践活动从来都不是随心所欲的，任何人都只能在一定的主客观条件下去实现自己的人生价值。因此，正确把握人生价值实现的条件至关重要。实现人生价值要从社会客观条件出发；实现人生价值要从个体自身条件出发；不断增强实现人生价值的能力和本领；实现人生价值，需要人们充分发挥主观能动性。

三、创造有意义的人生

（一）辩证对待人生矛盾

正确看待得与失。如何认识和对待人生发展过程中的得与失这对矛盾，对一个人走好人生之路、实现人生价值有重要影响。大学生要以积极进取的态度去面对生活中的成败得失，使一时的挫折或失败成为人生的财富而不是人生的包袱。

正确看待苦与乐。苦与乐既对立又统一，在一定条件下还可以相互转化。“宝剑锋从磨砺出，梅花香自苦寒来。”奋斗是艰辛的，艰难困苦、玉汝于成。真正的快乐只能由奋斗的艰苦转化而来。

正确看待顺与逆。顺境和逆境是人生历程中两种不同的境遇。在顺境中前进，天时、地利、人和等有利因素，使人们更容易接近和实现目标。在人生旅途中没有永远的顺境，也没有永远的逆境。因此，无论是顺境还是逆境，对人生的作用都可能是双面的，关键是怎样去认识和对待它们。只有善于利用顺境，勇于正视逆境和战胜逆境，人生价值才能够实现。

正确看待生与死。生命的历程是一个从生到死的过程，有生必有死，这是恒常不变的自然现象。生与死是贯穿人生始终的一对基本矛盾。个体生命的长度总是有限的，但为人民服务、为人类进步事业贡献力量是无限的。大学生应珍爱生命、珍惜韶华，在服务人民、投身民族复兴伟大事业中发掘出生命所蕴藏的巨大潜能，努力给有限的个体生命赋予更大的意义。

正确看待荣与辱。大学生只有具备正确的荣辱观，明确是非、对错、善恶、美丑的界限，坚持以热爱祖国为荣、以危害祖国为耻，以服务人民为荣、以背离人民为耻，以崇尚科学为荣、以愚昧无知为耻，以辛勤劳动为荣、以好逸恶劳为耻，以团结互助为荣、以损人利己为耻，以诚实守信为荣、以见利忘义为耻，以遵纪守法为荣、以违法乱纪为耻，以艰苦奋斗为荣、以骄奢淫逸为耻，才会在纷繁复杂的社会生活中明确应当坚持和提倡什么，应当反对和抵制什么，从容走好人生之路。

（二）反对错误人生观

反对拜金主义，反对享乐主义，反对极端个人主义。大学生应当顺应时代潮流，在科学理论的指导下，认清拜金主义、享乐主义、极端个人主义等错误思想和腐朽观念的实质，选择并追求高尚的人生目的，在服务人民、奉献社会的人生实践中完善自我、创造人生的美好价值。

（三）成就出彩人生

青年的人生目标会有不同，职业选择也有差异，但只有把自己的小我融入祖国的大我、人民的大我之中，与历史同向、与祖国同行、与人民同在，才能更好地实现人生价值、升华人生境界。

与历史同向。历史车轮滚滚向前，时代潮流浩浩荡荡。历史只会眷顾坚定者、奋进者、搏击者，而不会等待犹豫者、懈怠者、畏难者。当代大学生要正确认识世界和中国的发展大势，尊重并顺应历史的选择和人民的选择，准确把握我国发展所处的重要战略机遇期，提升民族自信心，增强时代责任感，与历史同步伐，与时代共命运。

与祖国同行。青年只有自觉将人生目标同国家和民族的前途命运紧紧联系在一起，才能最大限度地实现人生价值。当代大学生要正确认识国家和民族赋予的历史使命和时代责任，自觉与国家和民族共奋进、同发展。

与人民同在。人民群众是历史的创造者，是国家的主人。大学生要在为人民群众服务、实现人民群众利益的过程中实现人生价值。只有走与人民群众相结合的道路，向人民群众学习，从人民群众中汲取营养，做中国最广大人民群众根本利益的维护者，才能使自己的人生大有作为。

在实践中创造有价值的人生。社会实践是实现人生价值的必由之路。崇高的人生价值目标要靠社会实践才能转化为现实，辉煌的人生价值只有在创造性的社会实践中才能实现。

不断地在实践中创造，就能够实现更大的人生价值。

第二部分　案例思考[①]

让青春在民族复兴伟大进程中焕发光彩

党的十八大以来，以习近平同志为核心的党中央高度重视青年工作，对当代青年寄予殷切期望。习近平总书记多次通过演讲、座谈、回信等方式与各界青年交流互动，作出了一系列重要论述，为当代青年指明了历史使命、努力方向和成长道路，对于引导和激励广大青少年树立远大理想，培育和践行社会主义核心价值观，增强先进性、责任感和光荣感，为实现"两个一百年"奋斗目标和中华民族伟大复兴中国梦而勤奋学习、努力工作，具有十分重要的指导意义。

历史和现实证明，青年一代有理想、有担当，国家就有前途，民族就有希望，中国革命和中国特色社会主义事业就有源源不断的强大力量。当代青年要在中国共产党领导下，以习近平新时代中国特色社会主义思想武装头脑，以执着的信念、优良的品德、丰富的知识、过硬的本领和务实的作风，让青春在民族复兴伟大进程中焕发光彩。

坚定理想信念　厚植人民情怀

理想信念是精神之"钙"。习近平总书记指出，"当今中国最鲜明的时代主题，就是实现'两个一百年'奋斗目标、实现中华民族伟大复兴的中国梦""中国梦是全国各族人民的共同理想，也是青年一代应该牢固树立的远大理想"。理想指引方向，信念决定成败，当代青年要把理想信念作为心中灯塔，并转化为对奋斗目标的执着追求、对本职工作的不懈进取、对繁重任务的勇于担当、对高尚情操的笃定坚持和对初心使命的自觉坚守。

牢固树立宗旨意识和人民情怀。坚持和发展中国特色社会主义，是习近平新时代中国特色社会主义思想的核心要义，贯穿这一理论体系的核心思想与逻辑主线就是坚持以人民为中心。每一代青年都有自己的际遇和机缘，都要在自己所处的时代条件下谋划人生、创造历史。当代青年要坚定马克思主义信仰、共产主义远大理想和中华民族共同理想；增强对马克思主义中国化最新成果的政治认同、理论认同和情感认同；深刻把握其精髓要义及其集中反映出的人民立场、民族抱负、世界责任。用习近平新时代中国特色社会主义思想指导实践，内化于心，外化于行，增强"四个意识"、坚定"四个自信"、做到"两个维护"，

① 案例选入本书时有改动，下同。

与时代主题同心同向，励志勤学、刻苦磨炼，在增进人民福祉的不懈奋斗中书写人生华章。

弘扬五四精神　铸就高尚品格

五四精神的源泉和核心是爱国主义。新时代中国青年要继承和发扬五四精神，坚定理想信念，站稳人民立场，练就过硬本领，投身强国伟业，始终保持艰苦奋斗的前进姿态，同亿万人民一道，在实现中华民族伟大复兴中国梦的新长征路上奋勇搏击。一要勤学，既要专攻博览，又要学会担当社会责任，下得苦功夫，求得真学问。二要修德，既要立意高远，又要立足平实，加强道德修养，注重道德实践，立志报效祖国、服务人民。三要明辨，既要学会思考、善于分析、正确抉择，又要做到稳重自持、从容自信、坚定自励，善于明辨是非，敢于决断选择。四要笃实，既要把艰苦环境作为磨炼自己的机遇，又要一步一个脚印往前走，扎扎实实干事，踏踏实实做人。

时代责任赋予青年，时代光荣属于青年。习近平总书记指出，经过近代以来特别是中国共产党诞生以来中国人民持续奋斗，现在我们比历史上任何时期都更接近中华民族伟大复兴的目标，比历史上任何时期都更有信心、更有能力实现这个目标，目标越近，我们越不能懈怠，越要加倍努力，越要为之奋斗。当代青年建功立业的舞台空前广阔、梦想成真的前景空前光明，我们要坚持艰苦奋斗，不贪图安逸，不惧怕困难，不怨天尤人，以舍我其谁的勇气和豪气积极投身新时代中国特色社会主义新征程，慎终如始以实际行动向党和人民交出合格答卷。

练就过硬本领　锐意开拓进取

奋斗是青春的底色。青年是最富活力、最具创造性的群体，理所当然应该走在创新创造的前列，做锐意进取、开拓创新的时代先锋。广大青年要自觉加强学习，不断增强本领，注重学习人生经验和社会知识；坚持知行合一，在实践中学真知、悟真谛，加强磨炼、增长本领。立足本职、埋头苦干，从自身做起，从点滴做起，让创新成为青春远航的动力，让创业成为青春搏击的能量，用勤劳的双手、一流的业绩成就精彩人生。深入基层、深入群众，努力在改革开放中闯新路、创新业，不断开辟事业发展新天地。让青春在为国家和人民的奉献中、在党和人民最需要的地方绽放绚丽之花。

（参见杨琦:《让青春在民族复兴伟大进程中焕发光彩》,《光明日报》2020年5月15日）

【案例解析】

世界的未来属于青年。习近平总书记指出，当前我国处于近代以来最好的发展时期，世界处于百年未有之大变局，两者同步交织、相互激荡。中国始终是世界和平的捍卫者、全球发展的贡献者、世界秩序的维护者和改革者、国际关系民主化的倡导者和践行者。当代青年应勇敢担负起时代赋予的历史责任，志存高远，脚踏实地，努力在实现中华民族伟大复兴的中国梦的生动实践中放飞青春梦想。

【案例讨论】

1. 为什么说世界的未来属于青年？

2. 作为新时代的青年，如何让自己的青春之花绚丽开放？

第三部分　实践拓展

实践活动 1：“校园最美笑脸”图片展

【实践目标】

通过展览同学们的“笑脸照”，寻找“校园最美笑脸”，展现当代大学生自信乐观的良好精神状态，丰富大学生活，发现身边最真实的美。

【实践方案】

1. 活动时间：展出时间为 1~2 学时。

2. 活动地点：教室。

3. 活动方式：图片展览。

4. 活动流程：

（1）以班级为单位，按照每组 4~6 人划分小组，选出一名组长。

（2）在课堂上布置作业，要求组长带领组员在业余时间用相机或手机拍摄“校园最美笑脸”照片。照片人物为校园内的学生，可以是自己、同组成员或者身边的同学。照片以展示同学们的笑脸为主，要求笑容灿烂，充满正能量。

（3）将照片打印出来或制成 PPT，在课堂上展出。

（4）同学们在课上观看“校园最美笑脸”图片展。

（5）投票选出“最美笑脸”。

【实践评价】

1. 活动结果：

____

____

2. 评价方式：教师根据同学们的照片准备情况，给出该实践项目的实践分数。

实践活动 2：“人生价值的实现”辩论赛

【实践目标】

通过辩论比赛，同学们正确理解人生价值实现的条件和途径，从而培养思辨和语言表达能力，提高自身综合素质。

【实践方案】

1. 活动时间：1~2 学时。

2. 活动地点：教室。

3. 活动方式：辩论赛。

4. 活动流程：

（1）宣布辩题：“在实现人生价值过程中，个人努力和抓住机遇哪个更重要？”

（2）介绍参赛代表队及各队所持的立场。正方的观点为“个人努力更重要”；反方的观点为“抓住机遇更重要”。

（3）宣布辩论赛开始，进行辩论。

（4）评委评议并宣布比赛结果。

【实践评价】

根据在辩论赛上的表现，评定同学们的实践分数。

计分表

评分项目	分值	得分	总分
语言表达情况	30		
材料准备情况	30		
团队合作情况	20		
临场发挥情况	20		

第四部分　习题训练

一、单项选择题

1. 人的本质属性是（　　）。

A. 自然属性　　B. 道德属性

C. 政治属性　　D. 社会属性

2. 在现实生活中，由于人们的立场和观点不同，对人活着的意义理解也不同，存在着各种不同的人生观。人生观是（　　）。

A. 人们对美好未来的向往和追求

B. 人类社会中人们之间的相互需要关系

C. 人们对整个世界最根本的看法和观点的总和

D. 人们在实践中形成的对人生目的和人生意义的根本看法和态度

3.（　　）决定着人们实践活动的目标、人生道路的方向和对待生活的态度。

A. 人生观　　B. 世界观

C. 价值观　　D. 生活观

4. 人生观人人都有。其中，我们倡导的科学的人生观是（　　）。

A. 自私自利的人生观　　B. 及时享乐的人生观

C. 为人民服务的人生观　　D. 合理利己主义的人生观

5. 爱因斯坦曾经指出："一个人对社会的价值，首先取决于他的感情、思想和行动对增进人类利益有多大作用，而不应看他取得什么。"他的意思是说（　　）。

A. 一个人的社会价值越大，他的自我价值就越小

B. 一个人的社会价值主要在于他对社会作出的贡献

C. 一个人从社会中获得的尊重和满足越多，他的社会价值就越高

D. 能力大的人更容易实现社会价值，能力小的人不可能实现社会价值

6. 讨论（　　）问题，是为了认识生活应有的意义，明确人生应追求的目的和方向。

A. 人生价值　　B. 人生目的

C. 人生态度　　D. 人生信仰

7. 优良的心理品质能增强人际吸引力，不良的心理品质导致人际排斥。下列心理品质中，能增强人际吸引力的是（　　）。

A. 唯我独尊　　B. 意志薄弱

C. 嫉贤妒能　　D. 乐观豁达

8. 德国音乐家贝多芬相貌平平，但他给人们留下了许多美妙的乐章。尤其是他在耳朵失聪以后继续作曲，完成了《第九交响曲》。贝多芬这种顽强拼搏、与厄运抗争的精神赢得了广泛的崇敬，向世人展示了一种（　　）。

A. 自然美　　B. 艺术美

C. 人生美　　D. 社会美

9.（　　）人生观是一切从个人出发，把个人利益放在集体利益之上的人生观。

A. 实用主义　　B. 拜金主义

C. 享乐主义　　D. 个人主义

10. 对“人为什么活着”这一人生根本问题的认识和回答，是人生观中（　　）。

A. 人生态度的重要内容　　B. 人生价值的重要内容

C. 人生目的的重要内容　　D. 人生理想的重要内容

11. 习近平总书记在欧美同学会成立100周年庆祝大会上的讲话中说：“希望广大留学人员继承和发扬留学报国的光荣传统，做爱国主义的坚守者和传播者，秉持‘先天下之忧而忧，后天下之乐而乐’的人生理想，始终把国家富强、民族振兴、人民幸福作为努力志向，自觉使个人成功的果实结在爱国主义这棵常青树上。”个人成功的果实之所以应该结在爱国主义这棵常青树上，是因为爱国主义是（　　）。

A. 个人实现人生价值的力量源泉

B. 个人实现人生价值的直接条件

C. 个人成功的根本保障

D. 个人成功的决定性因素

12. 人只有为同时代人的完美、为他们的幸福而工作，自己才能达到完美，如果只为自己劳动，他也许能成为著名的学者、伟大的哲人、卓越的诗人，但永远不能成为完美的、真正伟大的人物。这表明（　　）。

A. 实现自我价值是创造社会价值的原因

B. 个人价值的实践取决于他人的认同

C. 人生的社会价值可代替自我价值

D. 人生价值是自我价值和社会价值的统一

二、多项选择题

1. 人生观的主要内容包括（　　）三个方面。

A. 人生价值　　B. 人生目的

C. 人生态度　　D. 人生信仰

2. 端正人生态度具体要求（　　）。

A. 人生须认真　　B. 人生当务实

C. 人生应乐观　　D. 人生要进取

3. 下面几种思想观念中，错误的是（　　）。

A. 拜金主义　　　　B. 享乐主义

C. 个人主义　　　　D. 集体主义

4. 人生价值实现的个人条件，包括（　　）。

A. 实现人生价值要从个体自身条件出发

B. 不断提高自身能力，增强实现人生价值的本领

C. 立足现实，坚守岗位作贡献

D. 实现人生价值要有自强不息的精神

5. 人生价值是自我价值和社会价值的统一。下列选项中属于人生的社会价值的有（　　）。

A. 个人的社会存在

B. 社会对个人的尊重和满足

C. 个体的人生对于社会和他人的意义

D. 个人通过劳动、创造对社会和人民所作的贡献

三、判断题

1. 个人能力强的人实现的人生价值一定要比个人能力弱的人实现的人生价值大。（　　）

2. 实现幸福，物质财富是唯一，离开物质，精神需要的满足和精神生活的充实就失去了幸福的物质基础。（　　）

3. 人生价值的实现就在尽职尽责、奋发努力的过程中。（　　）

4. 实际生活中，社会的价值观念系统十分复杂，往往会呈现出多元化、多样性、多层次的格局。（　　）

5. 实现人生价值既要看个人自身条件，又要遵从社会客观条件。（　　）

四、简答题

1. 谈谈人生的自我价值与社会价值的关系。

2. 如何辩证对待人生矛盾？

3. 新时代大学生如何成就出彩人生？

第五部分　材料分析[①]

结合材料回答问题。

材料 1："10 年的时间，我在这里成家，也在这里成长，早已经成为双流村不可分割的一分子。"重庆市荣昌区吴家镇党群办主任、吴家镇双流村第一书记杨媚说，自己出身农村，对农村有着深厚的感情。大学毕业后，她选择成为一名大学生村干部。10 年间，她带领村民建立专业合作社和蔬菜专家大院，建设蔬菜大棚，带动村民增加经济收益 1000 余万元，培训村民 4000 余人次。

材料 2：新时代的支边青年崔久秀，2014 年大学毕业后成为一名南疆驻村干部，先后在多个岗位锻炼，和乡亲们一起创办了农民专业合作社，给孩子们办起了"红领巾小课堂"，为老年人办起了"幸福养老院"。8 年时间，崔久秀学会了说维吾尔语，学会了跳麦西来甫舞，被当地人亲切地叫作"小崔古丽"。如今的新疆天山南北一派安定祥和、蓬勃发展，南疆更是青年人干事创业的大舞台和圆梦场。崔久秀也向毕业生们呼吁："大家到新疆投身于守边护边、兴疆治疆的壮阔实践中，让我们的青春在祖国和人民最需要的地方绽放出绚丽之花。"

（参见周子元：《投身基层　实现人生价值》，《工人日报》2022 年 7 月 22 日）

1. 踊跃投身基层的青年学子，是如何实现人生价值的？

2. "大家到新疆投身于守边护边、兴疆治疆的壮阔实践中，让我们的青春在祖国和人民最需要的地方绽放出绚丽之花"，对你有什么启发？

① 材料选入本书时有改动，下同。

专题二
追求远大理想　坚定崇高信念

第一部分　理论点睛

一、理想信念及其重要性

（一）什么是理想信念

理想是人们在实践中形成的、有实现可能性的、对未来社会和自身发展目标的向往与追求，是人们的世界观、人生观和价值观在奋斗目标上的集中体现。理想是多方面和多类型的，根据不同的标准，可以分为个人理想和社会理想，近期理想和远期理想，生活理想、职业理想、道德理想和政治理想等。

信念是人们在一定的认识基础上确立的对某种思想或事物坚信不疑并身体力行的精神状态。信念是认知、情感和意志的有机统一体，为人们矢志不渝、百折不挠地追求理想目标提供了强大的精神动力。

理想和信念总是相互依存。理想是信念所指的对象，信念则是理想实现的保障。离开理想这个人们确信和追求的目标，信念无从产生；离开信念这种对奋斗目标的执着向往和追求，理想寸步难行。在此意义上，理想和信念难以分割地紧密联系在一起。也正因如此，人们常将理想与信念合称为理想信念。

（二）理想信念是精神之“钙”

理想指引方向，信念决定成败。没有理想信念的人生，就像失去了方向和动力的小船，在生活的波浪中随处漂泊，甚至会沉没于急流之中。理想信念是人生发展的内在动力。

理想信念昭示奋斗目标。人生是一个在实践中奋斗的过程。要使生命富有意义，就必须在科学的理想信念指引下，沿着正确的人生道路前进。

理想信念催生前进动力。志向高远，便力量无穷。一个人有了崇高坚定的理想信念，才会以惊人的毅力和不懈的努力成就事业。与此相反，一个人如果没有崇高坚定的理想信念，就有可能浑浑噩噩、庸庸碌碌、虚度一生，甚至腐化堕落、走上邪路。

理想信念提供精神支柱。只有铸牢理想信念之魂，才能经受得住各种考验，创造人生事业的辉煌。同学们要在坚定理想信念上下功夫，为人生的发展筑牢信仰之基，补足精神之钙，把稳思想之舵。

理想信念提高精神境界。理想信念是衡量一个人精神境界高下的重要标尺。理想信念作为人的精神世界的核心，一方面能使人的精神生活的各个方面统一起来，使人的精神世界成为一个健康有序的系统，避免精神空虚和迷茫；另一方面又能引导人们不断地追求更高的人生目标，并在追求和实现理想目标的过程中提升精神境界、塑造高尚人格。

大学生只有树立崇高的理想信念，才能激发起为民族复兴和人民幸福而发愤学习的强烈责任感与使命感，掌握建设祖国、服务人民的本领。

二、坚定信仰信念信心

（一）增强对马克思主义、共产主义的信仰

1. 为什么要信仰马克思主义

马克思主义是我们认识世界、改造世界的强大思想武器。马克思主义为我们提供了科学的思想方法，正确运用马克思主义，我们在观察事物时就能正确地提出问题、分析问题和解决问题。

马克思主义是科学的理论，创造性地揭示了人类社会发展规律。马克思主义是在批判地吸收前人优秀思想成果、总结人类历史经验的基础上创立的科学理论。马克思主义深刻揭示了自然界、人类社会、人类思维发展的普遍规律，为人类社会发展进步指明了方向。

马克思主义是人民的理论，第一次创立了人民实现自身解放的思想体系。马克思主义博大精深，归根到底就是一句话，为人类求解放。马克思主义第一次站在人民的立场探求人类自由解放的道路，以科学的理论为最终建立一个没有压迫、没有剥削、人人平等、人人自由的理想社会指明了方向。

马克思主义是实践的理论，指引着人民改造世界的行动。马克思主义不仅致力于科学解释世界，而且致力于积极改变世界。正是在马克思主义的指导下，社会主义由空想变成科学，由科学理论转变为社会实践。中国特色社会主义的成功实践，无可辩驳地证明了马

克思主义具有鲜活的实践性和创造性，证明了马克思主义在中国的实践伟力。

马克思主义是不断发展的开放的理论，始终站在时代前沿。马克思主义诞生于 19 世纪中叶，但并没有停留在 19 世纪。百年来，中国共产党坚持解放思想和实事求是相统一、培元固本和守正创新相统一，不断开辟马克思主义新境界，产生了毛泽东思想、邓小平理论、“三个代表”重要思想、科学发展观，产生了习近平新时代中国特色社会主义思想，为党和人民事业发展提供了科学理论指导。

马克思主义是党和人民事业不断发展的参天大树之根本，是党和人民不断奋进的万里长河之泉源。背离或放弃马克思主义，就会失去灵魂、迷失方向。大学生坚定马克思主义信仰，最重要的是学习和掌握马克思主义的立场、观点、方法，准确把握时代发展潮流，以科学的理想信念指引人生前进的道路和方向。

2. 胸怀共产主义远大理想

马克思主义科学预测了未来社会的理想状态，指明了人类社会的发展方向。共产主义社会是物质财富极大丰富、实现按需分配、人的精神境界极大提高、每个人自由而全面发展的社会。共产主义只有在社会主义社会充分发展和高度发达的基础上才能实现。

共产主义是现实运动和长远目标相统一的过程。共产主义是崇高的社会理想，是关于无产阶级解放的学说，同时也是一种现实运动。共产主义远大理想既是面向未来的，又是指向现实的，不仅反映了人们对未来社会的美好向往，更是一个从现实的人出发，不断满足人的现实利益需求、推进人的全面发展、推动社会发展进步的历史过程与现实运动。

理想实现的路途是艰难曲折的，共产主义远大理想的实现更是需要一代又一代人的不懈奋斗和接续努力。

（二）增强对中国特色社会主义的信念

中国特色社会主义，承载着几代中国共产党人的理想和探索，寄托着无数仁人志士的夙愿和期盼，凝聚着亿万人民的奋斗和牺牲，是近代以来中国社会发展的必然选择。在中国共产党领导下，坚持和发展中国特色社会主义，实现中华民族伟大复兴，要求我们必须增强对中国特色社会主义的坚定信念。

中国特色社会主义是科学社会主义，不是别的什么主义。历史和现实都告诉我们，只有社会主义才能救中国，只有中国特色社会主义才能发展中国。中国特色社会主义是改革开放以来党的全部理论和实践的主题，是党和人民历尽千辛万苦、付出巨大代价才取得的根本成就。中国特色社会主义，既坚持了科学社会主义基本原则，又根据时代条件赋予其鲜明的中国特色，以全新的视野深化了对共产党执政规律、社会主义建设规律、人类社会发展规律的认识，使我们国家快速发展起来，使我国人民生活水平快速提高起来。新时代坚持和发展中国特色社会主义，总任务是实现社会主义现代化和中华民族伟大复兴，在全面建成小康社会的基础上，分两步走到21世纪中叶建成富强民主文明和谐美丽的社会主义现代化强国。在当代中国，坚持中国特色社会主义，就是真正坚持科学社会主义。

中国特色社会主义不是从天上掉下来的，而是中国共产党带领中国人民历经千辛万苦找到的实现中国梦的正确道路。改革开放以来我们取得一切成绩和进步的根本原因，归结起来就是：开辟了中国特色社会主义道路，形成了中国特色社会主义理论体系，确立了中国特色社会主义制度，发展了中国特色社会主义文化。中国特色社会主义道路是实现社会主义现代化、指引中国人民创造自己美好生活的必由之路。中国特色社会主义理论体系是指导党和人民沿着中国特色社会主义道路实现中华民族伟大复兴的正确理论，是立于时代前沿、与时俱进的科学理论。中国特色社会主义制度是当代中国发展进步的根本制度保障，是具有鲜明中国特色、明显制度优势、强大自我完善能力的先进制度。中国特色社会主义文化源自中华民族5000多年文明历史所孕育的中华优秀传统文化，熔铸于党领导人民在革命、建设、改革中创造的革命文化和社会主义先进文化，植根于中国特色社会主义伟大实践，是中国人民胜利前行的强大精神力量。中国特色社会主义，既是我们必须不断推进的伟大事业，又是我们开辟未来的根本保证。走自己的路，是党的全部理论和实践立足点，更是党百年奋斗得出的历史结论。以史为鉴，开创未来，必须坚持和发展中国特色社会主义。

中国共产党领导是中国特色社会主义最本质的特征，是中国特色社会主义制度的最大优势，是党和国家的根本所在、命脉所在，是全国各族人民的利益所系、命运所系。中国共产党是中国工人阶级的先锋队，同时是中国人民和中华民族的先锋队，是中国特色社会主义事业的领导核心。中国共产党自诞生之日起，就把为中国人民谋幸福、为中华民族谋复兴作为自己的初心和使命，并团结带领全国各族人民不懈奋斗，战胜各种艰难险阻，不断取得革命、建设、改革的伟大胜利。中国共产党领导中国人民取得的伟大胜利，使具有5000多年文明历史的中华民族全面迈向现代化，让中华文明在现代化进程中焕发出新的蓬勃生机；使具有500多年历史的社会主义主张在世界上人口最多的国家成功开辟出具有高度现实性和可行性的正确道路，让科学社会主义在21世纪焕发出新的蓬勃生机；使具有70多年历史的新中国建设取得举世瞩目的成就，让中国这个世界上最大的发展中国家在短短40多年里摆脱贫困全面建成了小康社会，创造了人类社会发展史上惊天动地的发展奇迹，使中华民族焕发出新的蓬勃生机。

当今中国，只有中国共产党，才能领导中国人民坚持和发展中国特色社会主义，才能担当起带领中国人民创造幸福生活、实现中华民族伟大复兴的历史使命。

（三）增强对实现中华民族伟大复兴的信心

实现中华民族伟大复兴，是中华民族近代以来最伟大的梦想。这个梦想，就是要实现国家富强、民族振兴、人民幸福，它凝聚了几代中国人的夙愿，体现了中华民族和中国人民的整体利益，是每一个中华儿女的共同期盼。实现中华民族伟大复兴的中国梦是一项光荣而艰巨的事业。中华民族伟大复兴，绝不是轻轻松松、敲锣打鼓就能实现的，必须付出艰苦的努力。中国共产党一经成立，就义无反顾肩负起实现中华民族伟大复兴的历史使命。百年来，为了实现这一历史使命，无论是弱小还是强大，无论是顺境还是逆境，中国共产党都初心不改、矢志不渝，团结带领人民历经千难万险，付出巨大牺牲，敢于面对挫折，勇于修正错误，攻克了一个又一个看似不可攻克的难关，创造了一个又一个彪炳史册的人间奇迹。进入新发展阶段，是中华民族伟大复兴历史进程的大跨越。中国人民实现中华民族伟大复兴的愿望和信心无比强烈，中华民族伟大复兴的前进步伐势不可挡。

心中有信仰，脚下有力量。走好新时代的长征路，大学生要不断增强中国特色社会主义道路自信、理论自信、制度自信、文化自信，自觉做共产主义远大理想和中国特色社会主义共同理想的坚定信仰者、忠实实践者，为崇高理想信念而矢志奋斗。

三、在实现中国梦的实践中放飞青春梦想

（一）科学把握理想与现实的辩证统一

辩证看待理想与现实的矛盾。理想与现实是对立统一的。理想和现实存在着对立的一面，二者的矛盾与冲突，属于“应然”和“实然”的矛盾。理想与现实又是统一的。理想受现实的规定和制约，是在对现实认识的基础上发展起来的。脱离现实而谈理想，理想就会成为空想。

实现理想的长期性、艰巨性和曲折性。理想的实现是一个过程。一般来说，理想越是远大，它的实现过程就越复杂，需要的时间也就越漫长。

艰苦奋斗是实现理想的重要条件。艰苦奋斗是我们的传家宝。我们的国家，我们的民族，从积贫积弱一步一步走到今天的发展繁荣，靠的就是一代又一代人的顽强拼搏，靠的就是中华民族自强不息的奋斗精神。

理想信念只有见诸行动才有说服力。大学生要把敢于吃苦、勇于奋斗的精神落实到日常的学习、生活和工作中。在学习上，刻苦钻研、不畏艰难，孜孜不倦地学习理论和专业知识，不断提高思想道德和专业知识水平；在生活上，艰苦朴素、勤俭节约，抵制和反对铺张奢

华的思想和生活作风；在工作上，奋发图强、不怕困难、不避艰险，努力完成各项任务。

（二）坚持个人理想与社会理想的有机结合

个人只有把人生理想融入国家和民族的事业中，才能最终成就一番事业。大学生对自己未来生活的追求和向往，不能脱离当代中国的社会现实。坚持和发展中国特色社会主义，实现中华民族的伟大复兴，是当代中国最大的现实，也是全体中国人民共同的社会理想。大学生要在社会理想的指引下，珍惜韶华、奋发有为，勇于追求个人理想，在实现社会理想的过程中努力实现个人理想。

（三）为实现中国梦注入青春能量

青年的前途离不开国家的前途，没有国家的前途也就没有青年的前途。大学生肩负实现中华民族伟大复兴的中国梦的历史重任，只有把实现理想的道路建立在脚踏实地的奋斗上，才能放飞青春梦想，实现人生理想。

立鸿鹄志，做奋斗者。青年志存高远，就能激发奋进潜力，青春岁月就不会像无舵之舟漂泊不定。树雄心、立壮志，是关系大学生一生前途命运的重大课题。

心怀“国之大者”，敢于担当。新时代的大学生应该肩负历史使命，把个人的命运与国家和人民的命运联系在一起，立为国奉献之志，立为民服务之志，让青春在为祖国和人民利益的不懈奋斗中绽放绚丽之花。

自觉躬身实践，知行合一。大学生要牢记“空谈误国、实干兴邦”，志存高远、脚踏实地、埋头苦干，充分展现自己的抱负和激情，在“真刀真枪”的实干中成就一番事业。

第二部分　案例思考

骆驼湾的年轻人

赶往河北省保定市阜平县骆驼湾村时，偶遇一场四月春雪。远远地，望见一排排坐落在骆驼湾的新民居，古朴雅致，若隐若现，被笼罩在纷纷扬扬的雪花里，这情景如诗如画。

这让人不禁想起七年多以前的那场暖雪。2012 年 12 月 30 日，习近平总书记走进太行老区阜平县骆驼湾和顾家台，访贫问苦，在这里向全党全国发出了脱贫攻坚的动员令。那奋进的号角，从骆驼湾农家小院飞出，从顾家台村委会小会议室发出，激荡着巍峨的驼梁，震动着八百里太行，传遍了九百六十多万平方公里的大地。

骆驼湾，这块因贫穷和交通闭塞而陷入沉睡的土地，从此渐渐苏醒。

返乡

在北京创业成功后，刘永刚回到了心心念念的老家骆驼湾。那是2013年，当时他二十九岁。在平均年龄六十多岁的骆驼湾，是名副其实的年轻人。

个子不高，清瘦儒雅，温和中却带着韧劲儿，这是刘永刚给人的第一印象。他喜欢老家的美景美食，也希望更多的人来欣赏品尝。回乡后，他把闲置了几十年的老屋修葺一新，开起了乡村民宿。

黄泥墙，青灰瓦；玉米辫，木篱笆；房前两畦菜，屋后三树花。如诗如画的太行田园风光，定格在刘永刚的农家小院里。

乡愁缕缕如丝线，牵引着大山外的人们。几乎是一年四季，游客络绎不绝。他们喜欢骆驼湾的山山水水，喜欢她的安然静美。

当初，刘永刚打算从北京回乡创业，凭的是渗进骨子里对家乡的那份热爱。但妻子翟艳玲有些不愿意。几次三番，终于说动了妻子，但妻子抛下一句话："骆驼湾咋能跟北京比啊？"

"所以咱更要回去做点事，帮帮家乡。"刘永刚认真地对妻子说。

翟艳玲是安徽人，刚结婚时，刘永刚带着她从北京回过一次骆驼湾老家。火车、汽车加摩托车坐了个遍，走了将近十个钟头才到家，进门时身子都散了架。村里破旧的房屋、泥泞的街道，一眼望去看不到任何生机。"那时我发誓再也不回来了！"翟艳玲想起记忆中的骆驼湾，连连摇头。

"现在你咋又过得这么美了呢？"刘永刚接上她的话头。

"还不是因为你，老说离不开老家，老家有绿水青山，早晚会变成金山银山。"返乡后，贤惠的翟艳玲没再抱怨过，帮着刘永刚经营民宿，照顾客人、打理房间，在骆驼湾一干就是六七年。

春夏旅游旺季的时候，几乎每天都有好几拨客人，迎来送往、洗菜做饭……一天天忙得都忘了时间。小两口没日没夜、起早贪黑地干活。尽管辛苦，俩人却笑称那是"幸福奋斗忙"。

"年轻人不怕累！要干事、要创业，最怕的是不累啊！"翟艳玲现在的想法和当初已经完全不同，她越来越觉得自己离不开骆驼湾了。

"今年年初，要不是疫情的原因，旅游热潮会像咱家门前的迎春花一样，来得热闹火爆。"刘永刚满怀信心地说。

“说得对！咱国家都扛过来了，咱们也一定能扛过去。”翟艳玲附和着。

骆驼湾还有一位年轻活泼的“80后”任永花，走路像一阵风，说话像一团火。

在北京接到村委会动员年轻人回乡创业的信时，任永花有些犹豫。但当她看到几年前回乡创业的同辈人日子越过越好时，便下决心回乡发展了。在异乡总有漂泊无根的感觉，只有回到生她养她的骆驼湾，心才安定下来。

如今，任永花一边在村里的民宿公司打工，一边帮哥哥打理骆驼湾小超市。她精选品牌商品入驻，比起城里的大超市，这儿的货品质量毫不逊色。一到旅游旺季，小小的铺子，顾客盈门。眼下，她正忙着组织筹备村里一年一度的骆驼湾山货大集，货品挑选和供应是重要的一块，来不得丝毫马虎。说起山货大集，去年试了一次水，那叫一个火爆！仅一个“五一”小长假就接待了一万多人。集市上，大多是阜平的土特产，骆驼湾的蜂蜜、香菇、山珍、高山苹果等备受青睐，一度卖断了货，后来寻货的回头客和商家络绎不绝。

任永花笃定地认为，骆驼湾发展的春天来了！

刘永刚、翟艳玲、任永花……这些骆驼湾年轻人的青春和梦想，就伴着骆驼湾的春天，悄悄地生根、发芽、生长、开花……

“他们新点子可真多哩”

不知何时，春雪化作了春雨，温润地洒落在骆驼湾的土地上，一幅天然的“太行农家迎客图”跃入眼帘：石墙绕篱笆，春雨润新芽；山间古庭院，窗前荠菜花。顺手推开房门，不禁大吃一惊，屋内开阔整洁，窗明几净，席梦思床、电视、空调、淋浴、网络……一应俱全。

说来真神奇！村里的老房子被年轻人一修缮，一下子变得既时尚又洋气，住着还舒服。骆驼湾的老人们禁不住竖起大拇指赞叹：“他们新点子可真多哩！”

就在去年，刘永刚家的农家乐因为订单多，急得他嘴上都长了泡。“没有那么多地方给游客住”“游客不同层次的服务需求满足不了”“环境卫生不够上档次”……一打听，村里其他几家农家乐也都面临同样的问题。

好在，村里、县里成为他们坚强的后盾。集体企业骆驼湾实业发展有限公司成立，把民宿资源集中起来转型升级。引进新理念，统一运营，让时尚元素与太行特色在骆驼湾完美交融。

脑子活、眼光远的刘永刚，这一头，刚把自己的农家乐流转出去，那一头又瞄上了餐饮业，开饭店、办连锁……不断拓展新业务的刘永刚，忙得不亦乐乎。

谈起自己最大的心愿，刘永刚说，就期盼着骆驼湾乡村旅游发展得更好、更有品位，也走得更长远。

正值春天，漫山遍野盛开着花儿，好像骆驼湾年轻人的青春，在默默吐露芳华；这些花儿，又仿佛催促勤劳的年轻人，快去酿造更加美好的生活。

在任永花眼里，这些花儿可是骆驼湾发展的宝贝！家有百花园，酿得蜂蜜香。

“色如炼乳凝脂，味道香甜可口。这是农家原生态的蜂蜜。”任永花说。现在，小超市的白蜂蜜早已名声在外。

不仅白蜂蜜，还有七十五个冷棚食用菌，都已成为骆驼湾的特色产品。

“我有好几个小伙伴都是菇农哦！”任永花感慨，菇农们是真辛苦，一到收获季节，得没日没夜地盯着香菇开伞，等到它们开到七八分、菌盖边缘仍稍内卷时，就必须第一时间采摘上市，耽误几分钟，品质就会相差几倍甚至十几倍。

但是，骆驼湾的年轻人从不怕吃苦！他们吃下了苦，也酿出了“甜”。这不，县里着力打造的“老乡菇”品牌，名气越做越响，已发展成为地方富民产业。

“村里正在建设骆驼湾集市电商平台，我也想借网络直播打开更加广阔的销售市场。”任永花捋了一下齐肩发，笑着拨弄着手机说，“如果能开直播带货，凭咱骆驼湾的绿色农产品，销量飙升不在话下！”她深知，如今是互联网时代，在某种意义上，乡村和城市几乎站在同一起跑线上，骆驼湾得抓住这个千载难逢的机遇。

乡村旅游、网络大集、电商平台、直播带货……这些老一辈村民听都没听说过的词语，挂在了年轻人的嘴边，一个又一个创业新项目在骆驼湾落地。

“我正在喊出去打工的小伙伴们回家来，守着骆驼湾一样能创业致富。”任永花觉得，家乡对于年轻人来说，有着无限可能。

骆驼湾的女儿

在骆驼湾，还有这样一群人，他们来自异乡，却早已把这里当作故乡。他们日里夜里、案头灯下细细谋划，风里雨里在太行深处疾驰穿行。他们由不同的单位而来，却有一个共同的名字——骆驼湾驻村工作队队员。他们是骆驼湾的“最强外援”。千方百计为村里引进产业项目的第一书记刘华格、积极搭建电商平台的扶贫干部黄文忠……老乡们细数着他们的名字，一如夸赞自家的儿女。

驻村工作队里，当然也少不了年轻人的身影。队员唐超男就是个“90后”。眼前的她，穿着一件工作服，站在春雨中，犹如一株盛开的山桃花。青春写满她稚嫩的脸庞，但是，当谈起驻村工作，以及与乡亲们在一起的战斗友谊时，唐超男的眼神便立刻坚定起来，仿佛闪耀着火光。

从未名湖畔而来，从前辈手中接过接力棒，把扶贫的重任义无反顾地扛在肩上。

骆驼湾，一共有几条街、几个门、几口人，她了然于胸；哪家缺米缺面、哪家有人生病住院、哪家着急孩子上学……“谁家有啥难事需要帮忙，就来喊小唐。”上党课、开文艺晚会、组织摄影展、开展农业技术培训……年轻人就是有朝气，干起事来好像有三头六臂。

“这样的生活，苦吗？累吗？”

“吃苦，不怕！看着骆驼湾一天一个样地发展，心里可美啦。”

“躬耕深山乡村，离家千里万里，不觉得委屈？”

“那算啥？好青年四海为家，纵横天涯。再说了，骆驼湾脱贫攻坚、可持续发展，不正需要年轻人吗？”

近年来，虽然已经有四十多位年轻人从外地返乡创业，但唐超男还是希望村里的年轻人多些，再多些！为此，她主动跟村里的年轻人交朋友，了解他们的想法。“都是年轻人，心里话说个没完。最关键的就是：让他们留在村里，有干劲，有奔头！”

回乡青年李爱明是工作队帮助村党支部发展的积极分子，现在他已经是预备党员，还担任了村干部，带领大家谋划发展项目。如今，骆驼湾的年轻人纷纷向党组织靠拢。在工作队的帮扶下，一支年轻的党员队伍正在逐步壮大。

党支部成为脱贫攻坚的火车头。党员多了，思想容易统一，村里做起事来就顺当，也更有凝聚力。年轻党员多了，又活跃了气氛，增加了点子，扩大了视野。

在最近参加的一次村党员会议上，唐超男就发现，年轻党员们为了骆驼湾的发展贡献出不少好想法，“特色农业得错位发展，利用海拔高咱种冰葡萄，别的地方可没有啊”“种中草药，也是好项目”“建立动物乐园，留住带孩子来玩的游客”……听他们的讨论就知道，骆驼湾的年轻人正拧成一股绳，铆足劲向着美好的明天再出发。唐超男的心里别提有多高兴了。

二十八岁的唐超男，从河北省农业农村厅到骆驼湾驻村扶贫，已经两年多了。近千个日日夜夜，她早把自己当成了骆驼湾的女儿。干完一天的工作后，她喜欢去山上看看，骆驼湾的星星月亮、山山水水，早已记住她，也跟她悄悄说过许多话……每次从山上回来，她又装满了工作的激情。

“新时代遇到你们这样的年轻人，是何其幸运啊！”

“我们这一代人能遇到新时代，才是更幸运的！”唐超男的话，云淡风轻，却令人深思。

这些年轻人啊，仿佛是太行山上那一棵棵质朴坚韧的山桃花，不惧风霜，美丽绽放。他们用美好的青春，唤来骆驼湾的万里春光，孕育出一个又一个新的希望。

【参见刘萍：《骆驼湾的年轻人（决胜2020）》，《人民日报》（2020年6月15日）】

【案例解析】

如今的骆驼湾，是古老的，更是年轻的。说它年轻，是因为，在这里活跃着一群可爱的年轻人——他们中，有的因恋着故土而返乡创业，有的立志把家乡的美好分享给全世界，还有的从四面八方奔赴来此……他们用年轻人的理想和担当，帮扶骆驼湾走出贫穷，奔向希望；他们用自己青春的身影，点燃着这片古老的土地！

【案例讨论】

1. 结合案例，谈谈信念在实现理想过程中所起到的重要作用。

2. 作为大学生的你，在家乡建设过程中能发挥哪些作用？

第三部分　实践拓展

实践活动 1：观看《恰同学少年》

【实践目标】

电视剧《恰同学少年》以毛泽东在湖南第一师范的读书生活为背景，讲述了以毛泽东、杨开慧、蔡和森、向警予、陶斯咏等为代表的一批优秀青年的风华正茂的学习生活。通过观看该剧，引导同学们胸怀天下，树立远大的理想，并不断提升自己的思想道德和科学文化素养。

【实践方案】

1. 活动时间：2 学时。

2. 活动地点：多媒体教室。

3. 活动方式：观看电视剧。

4. 活动流程：

（1）课堂上同学们观看电视剧《恰同学少年》的第 1~2 集，剩余剧集可在课下观看。

（2）展开课堂讨论，讨论一下看完该剧后印象最为深刻的一两个镜头。

（3）撰写观后感，字数在 1000 字以内。

【实践评价】

教师根据同学们的课堂讨论情况和撰写的观后感评分，总分为 100 分。

计分表

评分项目	分值	得分	总分
观看电视剧的态度	20		
课堂讨论	40		
观后感	40		

实践活动 2：“有梦才有远方”演讲比赛

【实践目标】

通过举办“有梦才有远方”演讲比赛，引导同学们坚定崇高信念，在为实现中国特色社会主义共同理想而奋斗的过程中实现个人理想。

【实践方案】

1. 活动时间：2 学时。

2. 活动地点：多媒体教室。

3. 活动方式：演讲比赛。

4. 活动流程：

（1）自愿报名参加，以“有梦才有远方”为主题，自选角度演讲，演讲时间不超过 10 分钟。

（2）主持人致开幕词，介绍到场评委、嘉宾，并介绍比赛的规则、评分细则。

（3）比赛开始，选手根据比赛前的抽签顺序进行比赛。

（4）每位选手演讲后，主持人根据评委打分情况向观众及选手公布评比分数。

（5）待所有的选手比赛完后，宣布比赛结果。

【实践评价】

根据参赛同学的演讲情况，评定实践分数。

计分表

评分项目	分值	得分	总分
仪表形象	10		
肢体语言	20		
演讲内容	50		
表现力	20		

第四部分　习题训练

一、单项选择题

1. 理想是人们在实践中形成的，具有（　　）的，对未来社会和自身发展的向往和追求，是人们的世界观、人生观和价值观在奋斗目标上的集中体现。

A. 实现必然性　　B. 不可实现性

C. 超越客观性　　D. 实现可能性

2.（　　）是人精神上的“钙”。

A. 理想信念　　B. 爱国主义

C. 道德品质　　D. 法治意识

3.（　　）就是对虚幻的世界、不切实际的观念、荒谬的理论等的迷信和狂热崇拜。

A. 高层次的信念　　B. 低层次的信念

C. 盲目的信仰　　D. 科学的信仰

4. 某学生在大学期间努力学习，刻苦掌握专业知识，希望将来做一名电气工程师。他的这个理想是（　　）。

A. 政治理想　　B. 生活理想

C. 道德理想　　D. 职业理想

5. “樱桃好吃树难栽，不下功夫花不开。”理想是美好的，令人向往的，但理想不能自动实现。把理想变为现实的根本途径是（　　）。

A. 积极投身社会实践　　B. 认真学习科学理论

C. 逐步确立坚定信念　　D. 大胆畅想美好未来

6. 勇于实践是实现理想的（　　）。

A. 理论基础　　B. 思想基础

C. 重要条件　　D. 根本途径

7. 下列有关人们对未来的向往和追求中，属于社会理想的是（　　）。

A. “三十亩地一头牛，老婆孩子热炕头”

B. “富贵不能淫，贫贱不能移，威武不能屈”

C. 谋一个适合自己的职位，干一番有益于人民的事业

D. 把我国建设成为富强民主文明和谐美丽的社会主义现代化国家

8. 人们在一定的认识基础上确立的对某种思想或事物坚信不疑并身体力行的心理态度

和精神状态是（　　）。

A. 信念　　B. 意志

C. 情感　　D. 理想

9. 当代中国，建设中国特色社会主义是我们共同的理想信念，它的基本内容是在中国共产党领导下，走中国特色社会主义道路，实现（　　）。

A. 大同世界　　B. 小康社会

C. 和谐社会　　D. 中华民族伟大复兴

10. 关于人的理想信念和精神境界的关系，正确的是（　　）。

A. 人的理想信念和精神境界没有必然联系

B. 人的理想信念和精神境界的关系是不确定的

C. 人的理想信念越崇高、越坚定，不代表其精神境界越高尚

D. 人的理想信念越崇高、越坚定，精神境界和人格就会越高尚

11. 爱国主义在不同的历史时期和文化背景下有着不同的内涵和特点。在新民主主义革命时期，爱国主义主要表现为极力推翻帝国主义、封建主义和官僚资本主义的反动统治，把黑暗的旧中国改造成光明的新中国。在现阶段，爱国主义主要表现为心系国家的前途和命运，献身于社会主义现代化事业，献身于祖国统一大业。这表明（　　）。

A. 爱国主义是主观的、现实的　　B. 爱国主义是历史的、具体的

C. 爱国主义是客观的、抽象的　　D. 爱国主义是客观的、具体的

12. 信念是认识、情感和意志的有机统一体，是人们在一定的认识基础上确立的对某种思想或事物坚定不移并身体力行的心理态度和精神状态。信念是人们追求理想目标的强大动力，决定事业的成败。信念有不同的层次和类型，其中（　　）。

A. 高层次的信念决定低层次的信念

B. 低层次的信念代表了一个人的整体信念

C. 在相同社会环境中生活的人们的信念始终一致

D. 各种信念没有科学与非科学之分

二、多项选择题

1. 对于理想的错误认识有（　　）。

A. 理想理想，有利就想

B. 没有理想的人一样生活得很开心

C. 理想是明天的，只要今天过得好就可以了

D. 理想的实现是一个长期艰苦的过程

2. 理想之所以能够成为一种推动人们创造美好生活的巨大力量，就在于它具有(　　)。

A. 现实性　　B. 超越性

C. 预见性　　D. 虚幻性

3. 关于人的信念，正确的说法是（　　）。

A. 一个人也会形成关于社会生活不同方面的信念

B. 一个人只有一个信念

C. 同一个人不同信念之间常常具有内在联系

D. 一个人的信念中也有高低层次之分

4. 理想实现的道路是（　　）。

A. 长期的　　B. 艰巨的

C. 具体的　　D. 曲折的

5. 一个真正认为共产主义是科学的人，在世界社会主义发展遭到暂时困难和曲折时，也不放弃自己追求的目标。这说明（　　）。

A. 信念可以成为人们追求理想目标的强大动力

B. 追求崇高的理想需要坚定的信念

C. 信念本身就表明一种稳定的立场

D. 理想可以远离现实由人随心所欲地想象

三、判断题

1. 社会理想代表和反映着一个社会占统治地位阶级的根本利益和共同愿望。社会理想与个人理想无关。（　　）

2. 个人理想等同于自我设计、自我实现，社会理想是对个人理想的压制。（　　）

3. 理想实现的长期性是对人们的毅力和信心的考验，必须做好充分的思想准备。(　　)

4. 人在社会生活中总要担当各种各样的任务和责任。其中，人们担负的重大历史任务和责任就是历史使命。（　　）

5. 共产主义是一种理想、一种学说、一种制度，人类社会根本无法实现共产主义。(　　)

四、简答题

1. 谈谈理想信念对大学生成长成才的重要意义。

2. 谈谈个人理想与社会理想之间的关系。

3. 大学生如何为实现中国梦注入青春能量？

第五部分　材料分析

结合材料回答问题。

材料 1：2017 年 11 月 17 日，在全国精神文明建设表彰大会上，习近平总书记请老人坐在自己身边的暖心举动，感动了全国人民，同时也让大家记住了黄旭华这个名字。

93 岁的黄旭华被誉为“中国核潜艇之父”，同时身兼数职：中船重工 719 研究所名誉所长、首批中国工程院院士、我国第一代攻击型核潜艇和战略导弹核潜艇总设计师。

黄旭华的父母都是医生，从医是他的梦想。1937 年，“七七事变”爆发，帝国主义的肆意侵略激起了他的怒火：他们凭什么想登陆就登陆？凭什么想轰炸就轰炸？黄旭华立志：“我不学医了，我要学航空，学造船。将来造飞机保护祖国蓝天；制造军舰抵御海上侵略。”后来，黄旭华考入了上海交通大学造船系。

作为我国核潜艇总体设计研究专家，黄旭华为我国第一代核潜艇的从无到有、第二代核潜艇的跨越发展和第三代核潜艇的探索赶超作出了卓越的贡献。他主持制定了一代核潜艇与核动力协调总体方案；主持完成了一代艇现代化改装；主持开展了二代艇预研工作；作为战略科学家，为我国未来核潜艇发展战略目标的制定、装备的持续创新提出了建设性意见和建议。黄旭华一生都在为我国核潜艇事业呕心沥血，与惊涛骇浪做伴，30 年没有回过老家。他默默奉献的一生，就像深海中的核潜艇——无声，但有无穷的力量。

材料 2：黄大年青年时期就立下“振兴中华，乃我辈之责”的宏大志向。1992 年被选送至国外大学攻读博士学位，临出国前，他说：“等着我，我一定会把国外的先进技术带回来”“我是国家培养出来的，我的归宿在中国。”

黄大年放弃国外优越的生活科研条件，回到了阔别多年的母校。回国 7 年多，他作为国家多个技术攻关项目的首席专家，带领科技团队只争朝夕、顽强拼搏，取得了一系列重大科技成果，填补了多项国内技术空白，部分成果达到国际领先水平。他秉承“祖国的需要就是最高需要”的人生信条，为实现科技强国梦殚精竭虑，直到生命最后一刻，他常说：“中国要由大国变成强国，需要有一批‘科研疯子’，这其中能有我，余愿足矣！”

黄大年的一生从“物探操作员”到“地球物理学家”，变的是称呼，不变的是他对理想信念的不懈追求。

（材料 1 参见夏静：《董旭华：无怨无悔的核潜艇人生》，《光明日报》2017 年 11 月 26 日。材料 2 根据公开资料整理）

1. 为什么说青年时期确立正确的理想信念能够为人的一生提供“无穷的力量”？

2. 青年如何在实现中国梦的实践中放飞自己的青春梦想？

专题三
继承优良传统　弘扬中国精神

第一部分　理论点睛

一、中国精神的丰富内涵

在几千年的历史进程中，中国人民用勤劳和智慧书写了辉煌的中华历史，也培育铸就了独特的中国精神，为中国发展和人类文明进步提供了强大的精神动力。伟大创造精神、伟大奋斗精神、伟大团结精神、伟大梦想精神，传承中华民族的宝贵精神基因，汲取时代的丰厚精神滋养，是对中国精神内涵的系统阐释。

伟大创造精神。在几千年历史长河中，中国人民始终辛勤劳作、发明创造，我国产生了老子、孔子、庄子、孟子、墨子、孙子、韩非子等闻名于世的伟大思想巨匠，发明了造纸术、火药、印刷术、指南针等深刻影响人类文明进程的伟大科技成果，创作了诗经、楚辞、汉赋、唐诗、宋词、元曲、明清小说等伟大文艺作品，传承了格萨尔王、玛纳斯、江格尔等震撼人心的伟大史诗，建设了万里长城、都江堰、大运河、故宫、布达拉宫等气势恢宏的伟大工程。今天，中国人民的创造精神正在前所未有地迸发出来，推动我国日新月异向前发展，大踏步走在世界前列。只要 14 亿多中国人民始终发扬这种伟大创造精神，就一定能够创造出一个又一个人间奇迹！

伟大奋斗精神。在几千年历史长河中，中国人民始终革故鼎新、自强不息，开发和建设了祖国辽阔秀丽的大好河山，开拓了波涛万顷的辽阔海疆，开垦了物产丰富的广袤粮田，治理了桀骜不驯的千百条大江大河，战胜了数不清的自然灾害，建设了星罗棋布的城镇乡村，发展了门类齐全的产业，形成了多姿多彩的生活。今天，中国人民拥有的一切，凝聚着中国人的聪明才智，浸透着中国人的辛勤汗水，蕴含着中国人的巨大牺牲。只要14亿多中国人民始终发扬这种伟大奋斗精神，就一定能够达到创造人民更加美好生活的宏伟目标！

伟大团结精神。在几千年历史长河中，中国人民始终团结一心、同舟共济，建立了统一的多民族国家，发展了56个民族多元一体、交织交融的融洽民族关系，形成了守望相助的中华民族大家庭。今天，中国取得的令世人瞩目的发展成就，更是全国各族人民同心同德、同心同向努力的结果。中国人民从亲身经历中深刻认识到，团结就是力量，团结才能前进，一个四分五裂的国家不可能发展进步。只要14亿多中国人民始终发扬这种伟大团结精神，就一定能够形成勇往直前、无坚不摧的强大力量！

伟大梦想精神。在几千年历史长河中，中国人民始终心怀梦想、不懈追求，我们不仅形成了小康生活的理念，而且秉持天下为公的情怀，盘古开天、女娲补天、伏羲画卦、神农尝草、夸父追日、精卫填海、愚公移山等我国古代神话深刻反映了中国人民勇于追求和实现梦想的执着精神。今天，中国人民比历史上任何时期都更接近、更有信心和能力实现中华民族伟大复兴。只要14亿多中国人民始终发扬这种伟大梦想精神，就一定能够实现中华民族伟大复兴！

二、中国共产党是中国精神的忠实继承者和坚定弘扬者

（一）伟大建党精神是中国共产党的精神之源

在庆祝中国共产党成立100周年大会上，习近平总书记精辟概括伟大建党精神的深刻内涵，指出："一百年前，中国共产党的先驱们创建了中国共产党，形成了坚持真理、坚守理想，践行初心、担当使命，不怕牺牲、英勇斗争，对党忠诚、不负人民的伟大建党精神，这是中国共产党的精神之源。"①

坚持真理、坚守理想。中国共产党一经成立，就把马克思主义写在自己的旗帜上。马克思主义深刻揭示了自然界、人类社会、人类思维发展的普遍规律，是指引人类探索历史规律和寻求自身解放道路的科学真理。中国共产党人一旦选择了马克思主义，就一以贯之、坚定不移地坚持它、发展它、维护它，从来没有动摇过、改变过、放弃过。百余年来，中国共产党始终坚守共产主义、社会主义的理想信念，既锚定远大目标，又脚踏实地，在逆境中拼搏奋斗，在顺境中继续奋斗，以昂扬奋进的精神状态创造了无数人间奇迹。

践行初心、担当使命。作为马克思主义政党，中国共产党摆脱了以往一切政治力量追

① 习近平：《在庆祝中国共产党成立100周年大会上的讲话》，人民出版社2021年版，第8页。

求自身特殊利益的局限，一经诞生就把为中国人民谋幸福、为中华民族谋复兴确立为自己的初心使命。它像光芒四射的灯塔，指明了中国人民前进的道路和方向。中国共产党的百年历史，就是一部践行初心、担当使命的历史。百余年来，中国共产党在腥风血雨中绝境重生，在惊涛骇浪中坚如磐石，在攻坚克难中创造奇迹，靠的就是始终不渝践行初心、担当使命的精神力量。

不怕牺牲、英勇斗争。“人生天地间，长路有险夷。”世界上没有哪个党像中国共产党这样，遭遇过如此多的艰难险阻，经历过如此多的生死考验，付出过如此多的惨烈牺牲。中国共产党在内忧外患中诞生、在历经磨难中成长、在攻坚克难中壮大，为了人民、国家、民族，为了理想信念，无论敌人如何强大、道路如何艰险、挑战如何严峻，中国共产党总是绝不畏惧、绝不退缩，不怕牺牲、百折不挠。百余年来，在应对各种困难挑战中，中国共产党锤炼了不畏强敌、不惧风险、敢于斗争、勇于胜利的风骨和品质。这是中国共产党最鲜明的特质和特点。“为有牺牲多壮志，敢教日月换新天”，中国共产党人用斗争和牺牲铸就了一座座革命英雄主义丰碑。

对党忠诚、不负人民。全心全意为人民服务，这是中国共产党的根本宗旨。对党忠诚、永不叛党，这是党章对党员的基本要求。来自人民、依靠人民、为了人民，是百余年来中国共产党的发展逻辑和胜利密码。中国共产党始终代表最广大人民根本利益，与人民有福同享、有难同当，有盐同咸、无盐同淡，紧紧依靠人民战胜一个又一个困难、取得一个又一个胜利。中国共产党根基在人民、血脉在人民、力量在人民，“人民”二字深深融入党的血脉，成为中国共产党人薪火相传、永不磨灭的精神基因。百余年来，中国共产党人忠实践行“随时准备为党和人民牺牲一切”的入党誓词，用忠诚和奉献生动诠释了“我将无我、不负人民”的崇高情怀。

（二）中国共产党人的精神谱系

百余年来，党领导人民浴血奋战、百折不挠，创造了新民主主义革命的伟大成就；自力更生、发愤图强，创造了社会主义革命和建设的伟大成就；解放思想、锐意进取，创造了改革开放和社会主义现代化建设的伟大成就；自信自强、守正创新，创造了新时代中国特色社会主义的伟大成就。党和人民百年奋斗，书写了中华民族几千年历史上最恢宏的史诗。

在百余年的非凡奋斗历程中，一代又一代中国共产党人顽强拼搏、不懈奋斗，涌现了一大批视死如归的革命烈士、一大批顽强奋斗的英雄人物、一大批忘我奉献的先进模范，形成了井冈山精神、长征精神、遵义会议精神、延安精神、西柏坡精神、红岩精神、抗美援朝精神、“两弹一星”精神、特区精神、抗洪精神、抗震救灾精神、抗疫精神、脱贫攻坚精神等伟大精神，构筑起了中国共产党人的精神谱系。

三、坚持爱国爱党爱社会主义相统一

爱国爱党爱社会主义统一于实现中华民族伟大复兴的历史进程。在不同历史条件下所形成的爱国主义具有不同的内涵和特点。爱国主义的丰富性和生命力，正是通过它的历史性和现实性来表现的。在新民主主义革命时期，爱国主义主要表现为在党的领导下，克服万难、前仆后继，推翻帝国主义、封建主义和官僚资本主义的反动统治，把黑暗的旧中国改造成光明的新中国，为实现中华民族站起来而奋斗。在社会主义革命、建设、改革年代，爱国主义主要表现为在党的领导下，建立和巩固社会主义基本制度，坚持社会主义初级阶段基本路线，赋予社会主义制度以强大的生命力和活力，为实现中华民族富起来而奋斗。在中国特色社会主义新时代，爱国主义主要表现为在党的领导下全面建成小康社会，开启全面建设社会主义现代化国家新征程，为实现中华民族强起来而奋斗。不同历史时期的爱国主义虽然内涵和表现方式有所不同，但本质上是爱国爱党爱社会主义的高度统一，都统一于实现中华民族伟大复兴的中国梦的鲜活实践之中。

爱国，不能停留在口号上，而是要把自己的理想同祖国的前途、民族的命运紧密联系在一起。新时代大学生不仅要在认识上深刻理解爱国爱党爱社会主义的高度统一，更要以实际行动体现对祖国的热爱、对党的热爱、对社会主义的热爱。扎根人民，奉献国家，以一生的真情投入、一辈子的顽强奋斗来践行爱国主义。

四、维护祖国统一和民族团结

（一）维护和推进祖国统一

保持香港、澳门长期繁荣稳定，解决台湾问题，实现祖国统一，是实现中华民族伟大复兴的必然要求，是不可阻挡的历史进程，也是全体中华儿女的共同心愿。

推进祖国统一，必须保持香港、澳门长期繁荣稳定。香港、澳门与祖国内地的命运始终紧密相连，实现中华民族伟大复兴的中国梦，需要香港、澳门与祖国内地坚持优势互补、共同发展，需要港澳同胞与内地人民坚持守望相助、携手共进。要始终准确把握“一国”和“两制”的关系，“一国”是根，根深才能叶茂；“一国”是本，本固才能枝荣。坚定不移贯彻“一国两制”方针，要把维护中央对香港、澳门特别行政区全面管治权和保障特别行政区高度自治权有机结合起来，把中央依法行使权力和特别行政区履行主体责任有机结合起来，把发挥祖国内地坚强后盾作用和提高港澳自身竞争力有机结合起来，确保“一国两制”方针不会变、不动摇，确保“一国两制”实践不变形、不走样。

解决台湾问题是实现祖国完全统一，是党矢志不渝的历史任务，是全体中华儿女的共同愿望，是实现中华民族伟大复兴的必然要求。

（二）促进民族团结

多民族是我国的一大特色，各民族共同开拓了祖国的锦绣河山、广袤疆域，共同创造了悠久的中国历史、灿烂的中华文化，造就了我国各民族在分布上的交错杂居、文化上的兼收并蓄、经济上的相互依存、情感上的相互亲近，形成了你中有我、我中有你，谁也离不开谁的多元一体格局。

五、尊重和传承中华民族历史文化

（一）历史文化是民族生生不息的丰厚滋养

在世界文明中，中华文明源远流长、从未中断，至今仍充满蓬勃的生机和旺盛的生命力。中华优秀传统文化是中华民族的精神命脉，其中蕴含着中华民族世世代代形成和积累的思想营养和实践智慧，是中华民族得以延续的文化基因，也是我们在世界文化激荡中站稳脚跟的根基。中华文化独一无二的理念、智慧、气度、神韵，增添了中国人民和中华民族内心深处的自信和自豪。我们必须尊重和传承中华民族历史文化，以时代精神激活中华优秀传统文化的生命力，不断推进中华优秀传统文化创造性转化和创新性发展。

（二）旗帜鲜明反对历史虚无主义

抛弃传统、丢掉根本，就等于割断了自己的精神命脉。历史和现实都表明，一个抛弃了或者背叛了自己历史文化的民族，不仅不可能发展起来，而且很可能上演一场历史悲剧。我们不是历史虚无主义者，也不是文化虚无主义者，不能数典忘祖、妄自菲薄。祖国是人民最坚实的依靠，英雄是民族最闪亮的坐标。“天地英雄气，千秋尚凛然。”一个有希望的民族不能没有英雄，一个有前途的国家不能没有先锋。我们要对中华民族的英雄心怀崇敬，自觉传承好中华民族辉煌灿烂的历史文化。

六、坚持立足中国又面向世界

（一）维护国家发展主体性

经济全球化是人类社会发展的必然趋势，但不等于全球政治、文化一体化。在经济全球化的背景下，国家仍然是民族存在的最高组织形式，是国际社会活动中的独立主体。只要国家继续存在，爱国主义就有坚实的基础。在参与经济全球化的过程中，必须坚定地捍卫自己国家的利益，这就更需要爱国主义的支撑。世界是丰富多彩的，不能以一个或几个国家的政治制度、价值观念和意识形态来衡量多样性的世界。用一种政治制度、价值观念和意识形态去统一世界，不仅是对别国的侵害，而且也是根本行不通的，只会危害世界的和平与发展。在参与经济全球化的过程中，一定要保持清醒的认识，既充分利用经济全球化所提供的机遇发展自己，又坚决维护国家的主权和尊严，按照本国国情坚持、发展自己的政治制度和民族文化。

（二）自觉维护国家安全

确立总体国家安全观。国家安全是指一个国家不受内部和外部的威胁、破坏而保持稳定有序的状态。当前，我国国家安全的内涵和外延比历史上任何时候都要丰富，时空领域比历史上任何时候都要宽广，内外因素比历史上任何时候都要复杂，必须坚持总体国家安全观，坚持国家利益至上，以人民安全为宗旨，以政治安全为根本，以经济安全为基础，以军事、文化、社会安全为保障，以促进国际安全为依托，走出一条中国特色国家安全道路。确立总体国家安全观，必须既重视外部安全，又重视内部安全；既重视国土安全，又重视国民安全；既重视传统安全，又重视非传统安全；既重视发展问题，又重视安全问题。要坚持走和平发展道路，既重视自身安全，又重视共同安全，推动世界朝着互利互惠、共同安全的目标相向而行。

（三）推动构建人类命运共同体

当今世界，没有哪个国家能够独自应对人类面临的各种挑战，也没有哪个国家能够退回到自我封闭的孤岛。共同建设一个持久和平、普遍安全、共同繁荣、开放包容、清洁美丽的世界，是全人类的共同利益和共同价值追求。构建人类命运共同体的理念，源于中国，属于世界，是中国与世界的交响协奏。

七、改革创新是新时代的迫切要求

创新决定未来，改革关乎国运。在当代中国，经济社会发展离不开改革创新。现在，我国已转向高质量发展阶段，全面深化改革，推进国家治理体系和治理能力现代化，必须将改革进行到底，攻克体制机制上的顽瘴痼疾，突破利益固化的藩篱，进一步解放和发展社会生产力，进一步激发和凝聚社会创造力。

创新是推动人类社会发展的第一动力。从某种意义上说，创新决定着世界政治经济力量对比的变化，也决定着各国各民族的前途命运。

创新能力是当今国际竞争新优势的集中体现。面对科技创新和产业革命新趋势，世界主要国家都在积极调整应对，努力寻找创新的突破口，抢占发展的先机，纷纷出台新的创新战略，加大投入，加强人才、专利、标准等战略性创新资源的争夺，创新战略竞争在综合国力竞争中的地位日益重要。

改革创新是赢得未来的必然要求。必须把创新作为引领发展的第一动力，把人才作为支撑发展的第一资源，把创新摆在国家发展全局的核心位置，把创新驱动发展战略作为国家重大战略，让创新贯穿党和国家一切工作，让创新在全社会蔚然成风。

八、做改革创新生力军

青年时期是创新创造的宝贵时期。新时代的大学生置身于实现中华民族伟大复兴的时代洪流之中，应当把握时代脉搏，迎接时代挑战，增强创新创造的能力和本领，勇做改革创新的实践者，将弘扬改革创新精神贯穿于实践中、体现在行动上。

（一）树立改革创新的自觉意识

改革创新，要求大学生自觉增强改革创新的责任感，树立敢于突破陈规、大胆探索未知、勇于创新创造的思想观念，在实践中有直面困难的勇气，有突破难关的精神，锐意进取，奋力前行。

（二）增强改革创新的能力本领

青年是苦练能力本领、增长才干的黄金时期。当今时代，知识更新不断加快，社会分工日益细化，新技术、新模式、新业态层出不穷。这既为青年施展才华、竞展风采提供了广阔舞台，也对青年能力素质提出了新的更高要求。

夯实创新基础。推行任何一项改革，作出任何一项创新，都是站在前人积累的专业知识基础之上的。

培养创新思维。大学生在专业学习与社会实践中应自觉培养创新思维，勤于思考，善于发现，勇于创新。

投身改革创新实践。实践出真知，实践长才干。

第二部分　案例思考

20年，100%：数说长三甲系列火箭的北斗之路

2020年6月23日，由航天科技集团有限公司所属中国运载火箭技术研究院（以下简称“火箭院”）抓总研制的长征三号乙运载火箭将北斗三号卫星送入预定轨道，至此长征三号甲系列运载火箭完成了北斗导航工程的全部发射任务，标志着北斗导航工程具备向全球开通导航服务的能力。

20年——长三甲系列火箭执行北斗导航任务的时长

自2000年10月31日，长征三号甲系列运载火箭发射我国第一颗北斗导航试验卫星算起，至今长三甲系列火箭共进行了44次发射，将4颗北斗导航试验卫星、55颗北斗导航卫星成功护送升空，发射成功率100%，因此长征三号甲系列火箭也被称为北斗导航工程的“唯一座驾”。

100%，北斗导航卫星发射任务全胜

从2007年发射首颗北斗二号导航试验卫星算起，12年间，长三甲系列火箭用40次圆满成功的完美表现，将55颗北斗导航卫星送入预定轨道。如果再算上更早前发射的北斗导航试验卫星，那么长三甲系列火箭以44次100%的发射成功率，护送59颗北斗卫星进入轨道。

100%成功率的背后，是长三甲系列火箭研制团队对技术创新和火箭可靠性的不懈追求。研制团队采用了双激光惯组冗余技术、卫星导航复合制导技术、双偏差姿态控制技术、高空风双向补偿技术、起飞滚转定向技术等一系列技术，对火箭的可靠性进行持续改进，为北斗全球组网奠定了坚实基础。

19天——北斗组网高密度发射纪录

自2017年11月，启动全球组网建设以来，北斗导航工程进入了建设的“快车道”。尤其是2018年，长征三号甲系列火箭10次发射，成功将18颗北斗导航卫星成功送入轨道。

值得一提的是，在2018年7月10日至2018年11月19日的133天中，长征三号甲系列火箭7次发射，成功将12颗北斗导航卫星送入轨道，平均一次火箭发射仅间隔19天，创造了北斗组网高密度发射纪录。

12次——远征一号上面级执行北斗三号组网任务次数

2017年11月5日，长征三号乙/远征一号运载火箭在西昌卫星发射中心，将北斗三

号首发双星顺利送入预定轨道。此次发射的卫星是北斗卫星导航系统的第24颗、25颗卫星，也是北斗三号第1、2颗组网卫星，开启了北斗卫星导航系统全球组网的新时代。

过去中国都是通过火箭将卫星发射到转移轨道，依靠卫星变轨进入工作轨道。远征一号上面级的出现，可以将有效载荷（如卫星）从某个转移轨道，送入预定工作轨道或预定空间位置的具有自主独立性的航天运输飞行器。

远征一号上面级在北斗三号工程发射中圆满完成了12次任务，将24颗MEO轨道卫星准确送入预定轨道，为北斗三号工程组网任务的最终顺利完成奠定了坚实基础。

远征一号上面级的成功研制，改变了上面级与火箭原有固定、单一的组合状态，创造了灵活、多样的组合模式，模块化、组合化、系列化设计理念衍生出了可与我国新一代运载火箭组合实施发射飞行任务的上面级，极大程度挖掘了火箭的搭载潜力，大大提升了我国火箭满足不同用户需要的适应性，提高了我国火箭在国际发射市场的竞争力。

112次——中国发射次数最多的单一系列运载火箭

长三甲系列火箭是我国发射次数最多的单一系列运载火箭，截止至此次发射任务共发射112次。

能够成为我国发射次数最多的单一系列运载火箭，是由于长三甲系列火箭可以一箭单星也可以一箭多星发射，既可以用于标准地球同步转移轨道发射，也可以用于超同步转移轨道或低倾角同步转移轨道发射，以及深空探测器发射，还可以在飞行过程中实现侧向机动变轨、多次起旋、消旋、定向等，可以满足卫星用户多种不同使用要求。

18次——长三甲系列火箭执行北斗三号任务次数

自2017年11月5日，长三甲系列火箭执行首次北斗三号以来，在2年多的时间中，长三甲系列火箭完成了18次发射，满足了北斗三号快速组网的要求。

研制团队为了应对北斗导航工程高强密度发射，不断开展不断探索新形势下我国运载火箭的研发模式，提出了产品化、多任务并行出厂发射等创新模式和有效方法，使液体运载火箭研制生产能力从一年2至3发提高到8至10发；发射周期从60天减少到21天，发射队伍从300人降到100人左右，为高密度发射任务的圆满完成和运载火箭管理技术的创新发展奠定了坚实基础。

目前研制团队正在精细化流程管理工作，这将大大提高火箭可靠性，让火箭“箭无虚发”。

22次——长征三号乙运载火箭执行北斗导航卫星发射任务次数

自从2012年首次执行北斗导航工程发射任务以来，长三乙火箭已经执行了22次北斗导航工程发射任务，成功将37颗北斗导航卫星送入太空。长三乙也是“三兄弟”里发射次数最多的火箭。（长征三号甲火箭发射12次，长征三号丙火箭发射10次）

长征三号乙运载火箭能够成为执行北斗导航卫星发射任务次数最多的火箭，是因为其具有任务适应性高、可靠性高的特点。长三乙火箭以长三甲火箭为基础，“上改下捆”研制了长三乙火箭，标准地球同步转移轨道发射能力达到5.5吨。至今已发射69次，也是长三甲系列火箭中发射次数最多的一个构型。

（参见《20年，100%：数说长三甲系列火箭的北斗之路》，人民网，2020年6月23日）

【案例解析】

北斗三号收官发射一波三折、玉汝于成。之前，因两次航天发射任务失利，工程全线举一反三，进行质量复查，发射时间由5月调整至6月；2020年6月16日，因临射前发现产品技术问题，为确保百分百成功、不带任何隐患上天，发射再次推迟。此次任务的圆满成功，充分体现了航天战线求真务实的科学精神和严慎细实的工作作风，再次印证了“严肃认真、周到细致、稳妥可靠、万无一失”的科研试验十六字方针是我国航天事业不断战胜困难、持续夺取胜利的重要法宝。

【案例讨论】

1. 结合案例，谈谈我国航天事业的发展体现了哪些时代精神。

2. 当代大学生应如何成为改革创新的中坚力量？

第三部分　实践拓展

实践活动1：“我和我的祖国”歌咏比赛

【实践目标】

通过收集和演唱爱国歌曲，了解歌曲的创作背景，激发同学们热爱祖国的思想感情，增强同学们对民族和文化的归属感和认同感。

【实践方案】

1. 活动时间：2学时。

2. 活动地点：多媒体教室。

3. 活动方式：歌咏比赛。

4. 活动流程：

（1）3~5 人为一组，设 1 名组长。

（2）由组长组织小组成员，收集歌曲。每个小组至少收集 1 首爱国主义歌曲，并收集这些歌曲背后的感人故事。

（3）各小组可根据小组成员的特长，进行独唱或合唱表演，每位小组成员都要参与其中，可采用歌伴舞等形式。

（4）表演结束后，由 1 位小组成员向大家讲述歌曲背后的故事。

【实践评价】

教师根据各组的表现分别为各小组打分，小组得分即学生个人得分。

计分表

评分项目	分值	得分	总分
收集歌曲情况	30		
歌曲演唱情况	40		
背后故事讲述情况	20		
团队配合情况	10		

实践活动 2：参观爱国主义教育基地

【实践目标】

爱国主义是中华民族的光荣传统，是推动中国社会前进的巨大力量。参观爱国主义教育基地，有助于大学生了解中国近现代历史，引导大学生树立正确的理想、信念、人生观、价值观，激发爱国热情，培养民族精神。

【实践方案】

1. 活动时间：参观时间自定，讨论时间为 1 学时。

2. 活动地点：当地爱国主义教育基地。

3. 活动方式：参观。

4. 活动流程：

（1）课前上网收集资料，了解所参观内容的时代背景、历史人物、主要活动等。

（2）组织学生到本市或附近城市的博物馆、纪念馆、展览馆、烈士陵园、战斗遗址等爱国主义教育基地进行参观。

（3）收集了解本乡本土的革命先烈历史事件之后，写出心得体会。要求字数在 1000 字以上。

（4）课堂讨论心得体会。

【实践评价】

1. 活动结果：

____

____

2. 评价方式：

计分表

评分项目	分值	得分	总分
心得体会	50		
参观表现	20		
讨论表现	30		

第四部分　习题训练

一、单项选择题

1. 中华民族精神的核心是（　　）。

A. 团结统一　　B. 爱国主义

C. 爱好和平　　D. 勤劳勇敢

2. 坚持爱国主义（　　）。

A. 就是坚持民族主义　　B. 就是坚持大国沙文主义

C. 无须关爱世界　　D. 与参与经济全球化并不矛盾

3. 一个民族得以延续的“精神基因”是（　　）。

A. 民族心理　　B. 民族文化

C. 国家主权　　D. 爱国传统

4. 我国实施载人航天工程以来，广大航天工作者牢记使命、不负重托，培育和发扬了特别能吃苦、特别能战斗、特别能攻关、特别能奉献的（　　）。

A. 载人航天精神　　B. 神舟精神

C. 航天科研精神　　D. 艰苦创业精神

5. “一方水土养一方人”“禾苗离土即死，国家无土难存”，因此，作为中华儿女要（　　）。

A. 爱自己的国家　　B. 爱自己的骨肉同胞

C. 爱祖国的灿烂文化　　D. 爱祖国的大好河山

6.“横眉冷对千夫指，俯首甘为孺子牛”，这反映了鲁迅先生（　　）的精神。

A. 爱祖国的大好河山　　B. 爱自己的骨肉同胞

C. 爱祖国的灿烂文化　　D. 爱自己的国家

7. 大学生作为改革创新的生力军，应从扎实系统的（　　）学习起步和入手，而不能好高骛远，空谈改革，坐论创新。

A. 人文知识　　B. 数理化知识

C. 社会知识　　D. 专业知识

8. 国家竞争力的核心是（　　）。

A. 理论创新能力　　B. 制度创新能力

C. 科技创新能力　　D. 文化创新能力

9. 培养（　　）方式是增强改革创新能力本领的前提。

A. 灵活思维　　B. 创新型思维

C. 多元化思维　　D. 立体思维

10. 大学生在专业学习与社会实践中应自觉培养（　　），勤于思考，善于发现，勇于创新。

A. 创新型思维　　B. 灵活思维

C. 多元化思维　　D. 传统思维

11. 习近平总书记在纪念五四运动 100 周年大会上的讲话指出，“爱国主义是我们民族精神的核心，是中华民族团结奋斗、自强不息的精神纽带”“对每一个中国人来说，爱国是本分，也是职责，是心之所系，情之所归”“对新时代中国青年来说，热爱祖国是立身之本，成才之基”。当代中国爱国主义的本质是（　　）

A. 对民族、文化的归属感、认同感的统一

B. 维护社会和谐和民族平等的统一

C. 坚持爱国、爱党和爱社会主义的高度统一

D. 坚持立足民族和面向世界的统一

12. 2019 年 11 月，中共中央、国务院印发《新时代爱国主义教育实施纲要》，指出爱国主义是中华民族的民族心、民族魂，是中华民族最重要的精神财富，是中国人民和中华民族维护民族独立和民族尊严的强大精神动力。新时代爱国主义教育要面向全体人民，聚焦青少年。当前，对青少年进行爱国主义教育的主阵地是（　　）

A. 思想政治理论课　　　　B. 精品读物

C. 手机和互联网　　　　D. 传统节日纪念活动

二、多项选择题

1. 爱国主义的优良传统体现在（　　）。

A. 热爱祖国，矢志不渝　　　　B. 天下兴亡，匹夫有责

C. 维护统一，反对分裂　　　　D. 同仇敌忾，抵御外侮

2. 报效祖国就是要努力做到（　　）。

A. 存忧国之心　　　　B. 立报国之心

C. 增建国之才　　　　D. 践爱国之行

3. 中华民族爱国主义的光荣传统有着极其丰富的内涵，其实质概括起来包括（　　）。

A. 维护祖国统一和民族团结，反对分裂

B. 维护祖国独立和主权，反对侵略

C. 热爱祖国，为创造丰富中华民族的物质文化作贡献

D. 破坏祖国统一，制造分裂

4. 创新是全面的创新，包括（　　）。

A. 理论创新　　　　B. 制度创新

C. 科技创新　　　　D. 文化创新

5. 鲁迅曾说："唯有民魂是值得宝贵的，唯有他发扬起来，中国才有真进步。"实现中国梦必须弘扬中国精神。中国精神是（　　）。

A. 兴国强国之魂

B. 凝聚中国力量的精神纽带

C. 提升综合国力的重要保证

D. 实现民族复兴的精神引领

三、判断题

1. 民族精神为时代精神提供生长根基和发展动力，是时代精神形成的重要基础和依托。（　　）

2. 一切民族精神都曾经是一定历史阶段中带动潮流、引领风尚、推动社会发展的时代精神。（　　）

3. 守旧思维往往机械、线性、封闭，创新思维则灵活而开放，发散而多维。（　　）

4. 创新思维所提出的观点人们因熟悉而易于接受，守旧思维则常常因"异想天开"而

被怀疑甚至嘲讽。（ ）

5.改革创新者是否具有扎实的专业知识基础，与能否担负改革创新的重任没有太多关联。（ ）

四、简答题

1.爱国主义的基本要求是什么？

2.结合自身实际，谈谈如何做新时代的忠诚爱国者。

3.结合自身实际，谈谈如何增强改革创新的能力本领。

第五部分　材料分析

结合材料回答问题。

2018年9月30日，在我国第五个烈士纪念日到来之时，党和国家领导人同各界代表向天安门广场人民英雄纪念碑敬献花篮，表达对英烈的深切缅怀和崇高敬意。

人民英雄纪念碑基座上镶嵌的8幅革命历史浮雕，镌刻了从虎门销烟到解放战争时期为争取民族独立和人民幸福而牺牲的人民英雄。这一纪念中国革命胜利的全景图，凝聚了无数先烈的铁骨精魂，更象征着中国人民不忘历史、砥砺奋进的民族精神。

欲知大道，必先为史。习近平总书记指出：“历史是一面镜子。以史为鉴，才能避免重蹈覆辙。对历史，我们要心怀敬畏、心怀良知。历史无法改变，但未来可以塑造。”

“天地英雄气，千秋尚凛然。”一个有希望的民族不能没有英雄，一个有前途的国家不能没有先锋。英雄烈士的事迹和精神是中华民族共同的历史记忆和宝贵的精神财富。

一段时间以来，历史虚无主义思潮沉渣泛起。社会上质疑英雄烈士、歪曲历史的现象和行为不时出现，造成了极其恶劣的社会影响，引起了社会舆论的高度关注。在社会各界不断的呼声中，2018年4月27日，十三届全国人大常委会第二次会议全票表决通过了《中华人民共和国英雄烈士保护法》，英雄烈士的姓名、肖像、名誉、荣誉受法律保护，禁止歪曲、丑化、亵渎、否定英雄烈士的事迹和精神，宣扬、美化侵略战争和侵略行为将被依法惩处直至追究刑责。

英雄烈士保护法生效后，最高人民法院、最高人民检察院相继下发通知要求依法惩处侵害英雄烈士权益、形象等违法行为；文化和旅游部部署查处丑化恶搞英雄烈士等违法违规经营行为，各主要互联网文化单位纷纷采取措施清理违规信息、视频和账号；多地检察机关针对侵害英雄烈士名誉等问题依法启动诉讼程序。

“昨天你用生命捍卫我们，今天我们用法律保护你。”网友真挚的话语道出了人们对英雄烈士的敬意和爱戴。从设立烈士纪念日“立大德于社会”，到缅怀英雄烈士仪式“扬大义于国家”，再到制定英雄烈士保护法“布大信于天下”，一系列致敬英烈、崇尚英雄的国家行动，筑起了民族复兴征程的闪亮灯塔。

（根据公开资料整理）

1. 如何理解“英雄烈士的事迹和精神是中华民族共同的历史记忆和宝贵的精神财富”？

2. 从法律社会作用的角度，分析为什么要用法律的名义保护英雄烈士。

专题四
明确价值要求　践行价值准则

第一部分　理论点睛

一、价值观与社会主义核心价值观

（一）价值观与核心价值观

价值观就是主体对客体有无价值、价值大小的立场和态度，是对价值及其相关内容的基本观点和看法。通俗地说，价值观是人们对事物的意义和价值的反映与判断，是人们关于应该做什么和不应该做什么的基本观点，是区分好与坏、对与错、善与恶、美与丑等的总观念。价值观在人们的观念体系中并不是孤立的，它与世界观、人生观相辅相成、相互作用、相互促进，是辩证统一的关系。价值观对人的具体行为起着规范和导向作用，价值观不同的人，行为取向也会不同，甚至可能截然相反。

价值观反映着特定的时代精神，价值观体现着鲜明的民族特色，价值观蕴含着特定的阶级立场。

历史和现实都表明，核心价值观是一个国家的重要稳定器，能否构建具有强大感召力的核心价值观，关系社会和谐稳定，关系国家长治久安。世界上各种文化之争，本质上是价值观念之争，也是人心之争、意识形态之争。

（二）社会主义核心价值观

中华人民共和国成立以来特别是改革开放以来，中国共产党带领全国人民在经济、政治、文化和社会等方面建立了一套比较成熟的基本制度和体制，成功探索出了一条中国特色社会主义道路。与这些基本制度和体制相适应，必然要求有一个主导全社会思想道德观念和行为方式的核心价值观。党的十八大提出，要倡导富强、民主、文明、和谐，倡导自由、平等、公正、法治，倡导爱国、敬业、诚信、友善，积极培育和践行社会主义核心价值观。这是中国共产党凝聚全党全社会价值共识作出的重要论断。社会主义核心价值观的提出，鲜明确立了当代中国的核心价值理念，生动展现了中国共产党和中华民族高度的价值自信与价值自觉。

二、社会主义核心价值观的基本内容

（一）富强、民主、文明、和谐

富强、民主、文明、和谐的价值追求，回答了我们要建设什么样的国家的重大问题，揭示了当代中国经济社会发展的价值目标，从国家层面标注了社会主义核心价值观的时代刻度。

富强是促进社会进步、人的自由全面发展的物质基础，体现了马克思主义唯物史观生产力标准的根本要求。

民主指的是社会主义民主，是人民当家作主，不是由别人作主，也不是由少数人作主。作为一种政治实践、价值理念，人民民主是社会主义的生命，没有民主就没有社会主义，就没有社会主义现代化。

文明是社会进步的重要标志，也是社会主义现代化国家的重要特征。社会主义核心价值观倡导的文明包括物质文明、政治文明、精神文明、社会文明、生态文明，是全面建设社会主义现代化国家的题中应有之义，是实现中华民族伟大复兴的重要支撑。

和谐是中华文明的核心价值理念。社会主义核心价值观倡导的和谐，是人与人、人与社会、人与自然以及人的自我身心的有机统一。和谐的中国，是民主与法治相统一、公平与效率相统一、活力与秩序相统一、人与自然相统一的社会主义国家。和谐的中国，秉持世界持久和平的理想，心系人类共同繁荣的命运，担当可持续发展的历史责任。

（二）自由、平等、公正、法治

自由、平等、公正、法治，反映了人们对美好社会的期望和憧憬，是衡量现代社会是否高度发展、充满活力、和谐有序的重要标志。这一价值追求回答了建设什么样的社会的重大问题，与实现国家治理体系和治理能力现代化的要求相契合，揭示了社会主义社会发展的价值取向。

自由是社会活力之源，是社会主义的价值理想。社会主义核心价值观倡导的自由，不是少数人的、形式上的、虚伪的自由，而是绝大多数人的、实质上的、真实的自由；社会主义核心价值观倡导的自由，不是凌驾于社会利益之上的、绝对的个人自由，而是受到法律和规范制约、权利和义务对等的自由；社会主义核心价值观倡导的自由，不是超越发展阶段和现实承受能力的自由，而是与一定的经济社会发展条件相适应的自由；社会主义核心价值观倡导的自由，不只是追求物质生活的改善，更重要的是保证人民充分享有发展自我、实现自我的机会，使每个人都能人生出彩、梦想成真。

平等是人类追求的美好状态。社会主义核心价值观倡导的平等，是兼顾效率与公平的平等，不是“不患寡而患不均”的绝对平均主义；是实实在在的平等，不是落在法律文本上的“形式上的平等”；是要让人人都能公平行使社会权利、履行社会义务、分享社会成果，政治上平等参与、经济上共同富裕、文化上共建共享，同祖国和时代一起成长进步。

公正是人类社会进步的标尺，是社会主义制度的本质要求。社会主义核心价值观倡导的公正，不只是强调机会平等和程序正义的公正，更是兼顾结果的公正，体现在社会生活各个领域、各个层次、各个方面的公正。

法治是人类政治文明的重要成果，是现代社会的主要特征。在当代中国，全面推进依法治国，加快建设社会主义法治国家，是坚持和发展中国特色社会主义的本质要求和重要保障，是实现国家治理体系和治理能力现代化的必然要求，事关我们党执政兴国、事关人民幸福安康、事关党和国家长治久安。

（三）爱国、敬业、诚信、友善

爱国、敬业、诚信、友善，这一价值追求回答了我们要培育什么样的公民的重大问题，涵盖了社会公德、职业道德、家庭美德、个人品德等各个方面，是每个公民都应当遵守的道德规范。有了这样的价值追求，人们才能更好地处理个人与国家、社会、他人的关系，不断提升自己的人生境界。

爱国是最深沉、最持久的情感，是每个公民应当遵循的最基本的价值观念和道德准则，也是中华民族的优良传统。

敬业是对待生产劳动和人类生存的一种根本价值态度。敬业的“业”，涵盖了人们所从事的一切促进人类生存与发展的生产劳动领域，本质上就是由劳动重要地位决定的。

诚信是个人立身处世的基本价值规范，是社会存续发展的重要价值基石。社会主义核心价值观倡导的诚信，就是要以诚待人、以信取人，说老实话、办老实事、做老实人。

友善要求人们善待亲友、他人，对社会抱有善意，与自然和谐共处。善待亲人以和谐家庭关系，善待朋友以凝结牢固的友谊，善待他人以构建和谐的人际关系，与自然和谐共处以形成和谐的自然生态。

三、当代中国发展进步的精神指引

培育和践行社会主义核心价值观，是有效整合我国社会意识、凝聚社会价值共识、解决和化解社会矛盾、聚合磅礴之力的重大举措，是保证我国经济社会沿着正确的方向发展、实现中华民族伟大复兴的价值支撑，意义重大而深远。

（一）坚持和发展中国特色社会主义的价值遵循

社会主义核心价值观，集中体现了马克思主义所倡导的价值理念，是中国特色社会主义的根本价值导向。中国特色社会主义是全面发展、全面进步的社会主义。在全社会大力弘扬社会主义核心价值观，明确中国特色社会主义事业到底追求什么、反对什么，要朝着什么方向走、不能朝什么方向走，坚守我们的价值观立场，坚定中国特色社会主义的道路自信、理论自信、制度自信、文化自信，为社会的有序运行、良性发展提供明确价值准则，保证中国特色社会主义事业始终沿着正确方向前进，是中国特色社会主义的铸魂工程。

（二）提高国家文化软实力的迫切要求

当今世界，文化越来越成为综合国力竞争的重要因素，成为经济社会发展的重要支撑，文化软实力越来越成为争夺发展制高点、道义制高点的关键所在。文化软实力的竞争，本质上是不同文化所代表的核心价值观的竞争。

（三）推进社会团结奋进的“最大公约数”

历史和现实一再表明，只有建立共同的价值目标，一个国家和民族才会有赖以维系的精神纽带，才会有统一的意志和行动，才会有强大的凝聚力、向心力。我国是一个有着14亿多人口、56个民族的大国，确立反映全国各族人民共同认同的价值观“最大公约数”，使全体人民同心同德、团结奋进，关乎国家前途命运，关乎人民幸福安康。

四、社会主义核心价值观的显著特征

真理的力量加上道义的力量，才能行之久远。社会主义核心价值观体现了社会主义意识形态的本质要求，体现了社会主义制度在思想精神层面的质的规定性，以其先进性、人民性、真实性站在人类道义制高点上，彰显出独特而强大的价值观优势。

（一）反映人类社会发展进步的价值理念

社会主义核心价值观具有超越以往一切社会核心价值观的先进性，它集中体现了社会主义的本质属性，扎根于中华优秀传统文化土壤，吸收借鉴了一切人类优秀文化的先进价值，是反映人类社会发展进步的价值理念。

1. 体现社会主义的本质属性

“社会主义”是社会主义核心价值观的“底色”。社会主义核心价值观的先进性，集中体现在它是社会主义所坚持和追求的价值理念。

2. 扎根中华优秀传统文化土壤

任何一种价值观都不可能凭空产生，总是有其特定的历史底色和精神脉络。牢固的核心价值观，都有其固有的根本。抛弃传统、丢掉根本，就等于割断了自己的精神命脉。源远流长的中华优秀传统文化，是中华民族发展壮大的独特优势，也是社会主义核心价值观历史底蕴的集中体现。

3. 吸纳世界文明有益成果

社会主义核心价值观吸纳了世界文明的有益成果。博采众长、兼容并蓄是中华文明的气质，社会主义核心价值观以海纳百川的气度广泛吸收借鉴包括资本主义文明成果在内的人类一切文明成果，萃取精华、融会贯通，形成了具有世界视野、中国气派的价值观。

（二）彰显人民至上的价值立场

社会主义核心价值观坚持人民历史主体地位，代表最广大人民的根本利益，反映最广大人民的价值诉求，引导最广大人民为实现美好社会理想而奋斗。人民性是社会主义核心价值观的根本特性。

1. 尊重人民群众历史主体地位

马克思主义唯物史观从社会存在决定社会意识的立场出发去考察人类社会发展历史，确认人民群众在社会历史发展中的主体作用，认为人民群众是历史的创造者。相信群众、依靠群众，从群众中来、到群众中去，站在广大劳动人民的立场上，以广大劳动人民的解放为宗旨，竭尽全力为人民求福利、谋利益，是马克思主义最根本的政治立场。

2. 体现以人民为中心的价值导向

为中国人民谋幸福、为中华民族谋复兴，是中国共产党人的初心和使命，也是我们党领导现代化建设的出发点和落脚点。在领导中国特色社会主义建设的进程中，中国共产党始终坚持人民是历史创造者的观点，践行全心全意为人民服务的根本宗旨，坚持人民当家作主，坚持以人民为中心的发展思想，把人民对美好生活的向往作为奋斗目标。

（三）因真实可信而具有强大的道义力量

任何一种价值观，如果只是停留在口头上，不管多么动听，也终将被历史抛弃。社会主义核心价值观不仅真正地与社会主义制度相契合，与保障人民的根本利益相一致，而且因其真实可信而具有强大的道义力量。

五、扣好人生的扣子

大学时期是价值观养成的关键阶段。青年的未来与国家的未来同频同向，青年一代的理想、本领和担当勾勒出国家的形象和力量。正因为未来掌握在青年手中，青年的价值观是什么样，决定着未来整个社会的价值观就是什么样。当代大学生要意识到自身肩负的历史使命，自觉加强价值观养成，树立正确的价值取向。

大学生的成长成才和全面发展，离不开正确价值观的引领。当今世界和当代中国都处于大变革之中。这种变革反映到人们的思想观念中，自然会产生多种多样的思想理论和价值理念。面对世界范围内各种思想文化交流、交融、交锋的新形势，面对整个社会思想价值观念呈现多元多样、复杂多变的新特点，大学生健康成长成才更加需要正确价值观的引领。正确的价值观能够引导大学生把人生价值追求融入国家和民族事业，始终站在人民大众立场，同人民一道拼搏、同祖国一道前进，服务人民、奉献社会，努力成为中国特色社会主义事业的合格建设者和可靠接班人。

核心价值观的养成绝非一日之功。大学生要坚持由易到难、由近及远，从现在做起，从自己做起，努力把核心价值观的要求变成日常的行为准则，形成自觉奉行的信念理念，并身体力行大力将其推广到全社会去，为实现国家富强、民族振兴、人民幸福的中国梦凝聚强大的青春能量。

六、把社会主义核心价值观落细落小落实

“一种价值观要真正发挥作用，必须融入社会生活，让人们在实践中感知它、领悟它。”这就要求在培育和弘扬的过程中，下好落细、落小、落实的功夫。对于大学生而言，就是要切实做到勤学、修德、明辨、笃实，使社会主义核心价值观成为一言一行的基本遵循。

勤学。下得苦功夫，求得真学问。要努力掌握马克思主义理论，形成正确的世界观和科学的方法论，深化对社会主义核心价值观的认知、认同。大学生要注重把所学知识内化于心，形成自己的见解，既有专攻，又要博览，努力掌握为祖国、为人民服务的真才实学，让勤于学习、敏于求知成为青春远航的动力。

修德。加强道德修养，注重道德实践。修德，既要立意高远，又要立足平实。要立志报效祖国、服务人民，这是大德，养大德者方可成大业。同时，还得从做好小事、修好小节起步，“见善则迁，有过则改”，踏踏实实修好大德、公德、私德，学会劳动、学会勤俭，学会感恩、学会助人，学会谦让、学会宽容，学会自省、学会自律。

明辨。善于明辨是非，善于决断选择。大学生要善于明辨是非，善于判断选择，旗帜

鲜明地弘扬真善美、贬斥假恶丑，澄清模糊认识，匡正失范行为，自觉做良好道德风尚的建设者、社会文明进步的推动者。

笃实。扎扎实实干事，踏踏实实做人。道不可坐论，德不能空谈。青年有着大好机遇，关键是要迈稳步子、夯实根基、久久为功。心浮气躁，朝三暮四，学一门丢一门，干一行弃一行，无论学习还是创业，都是最忌讳的。“天下难事，必作于易；天下大事，必作于细。”成功的背后，永远是艰辛努力。青年要把艰苦环境作为磨炼自己的机遇，把小事当作大事干，一步一个脚印往前走。滴水可以穿石，只要坚忍不拔、百折不挠，成功就一定在前方等你。

培育和践行社会主义核心价值观，既要目标高远，保持定力、不懈奋进，又要脚踏实地，严于律己、精益求精。新时代大学生要将社会主义核心价值观转化为人生的价值准则，勤学以增智、修德以立身、明辨以正心、笃实以为功，在激扬青春、开拓人生、奉献社会的进程中书写无愧于时代的壮丽篇章。

第二部分　案例思考

红色基因　赓续绵延

——坚守60多年，祖孙三代接力扎根西藏，“让革命精神代代相传”

走进央金老人的家，小院的顶棚挡住了拉萨灼热的阳光，留下满院温暖。在这里，一家四代十几口人常围着桌子，簇着奶奶，话家常、叙往事。

“这是我和老头子当年结婚的样子，他已经离开我20年了。”80多岁的央金老人指着一张泛黄的老照片：画面中的青年身着军装，目光炯炯，一旁的藏族姑娘身着格子衬衫，梳着长长的双马尾。

央金的丈夫叫向元发，是一名退伍老兵。从四川到西藏的茫茫天路，是向元发和战友们用血肉铺就的。跨过二郎山，经康定、过雅江、越理塘……最终抵达昌都，一路山高江阔，栉风沐雨。

西进途中，他们逢山开路、遇水搭桥，饿急了，随便煮点东西果腹。“爷爷树皮吃得，草根吃得，连皮带都水煮吃得。”孙女向梅对爷爷当年讲过的故事至今记忆犹新。

军旅岁月铭刻在向元发的骨血里，也写进了家庭的传承中。

那时候，向家有一个大阳台，向元发晒着太阳，边抽烟边凝望着窗外的远方。烟抽够了，就把孙辈叫到跟前，一点点回忆当年的故事：进藏修路，伤亡多么重；开挖硼砂，条件多么苦……一桩桩、一件件，让孩子们深受触动。在爷爷的影响下，外孙向军也成为一名光荣的军人。

在老伴的感召下，央金也成了地道的军迷，爱看军旅题材的电视剧，对于国际新闻也有着超乎寻常的热情。向梅在北京、上海、重庆辗转求学十年，但是回报家乡的愿望从未止息。如今，这个西南政法大学毕业的高才生在西藏最偏远的地区阿里工作。

多年来，向家一直保留着一个习惯——在清明节前后前往拉萨烈士陵园祭扫。除了当年的战友，央金老人的外甥、向军的岳父等人都将生命奉献给了雪域高原，长眠在烈士陵园。

不久前，央金一家将向元发老人生前的革命军人证明、入党志愿书等一批文物捐赠给拉萨烈士陵园展览馆。“献身军旅是一代人的经历，奉献是代代相传的家风。文物放在这里，希望能影响更多人，让革命精神代代相传。”向梅说。

（参见《红色基因　赓续绵延》，《人民日报》2020 年 7 月 2 日）

【案例解析】

家风传承的不仅是一个家庭的记忆，更是一种家庭共有的精神内核。习近平总书记在会见第一届全国文明家庭代表时强调：“广大家庭都要弘扬优良家风，以千千万万家庭的好家风支撑起全社会的好风气。特别是各级领导干部要带头抓好家风。”

【案例讨论】

1. 结合案例，谈谈央金一家的家风是什么。

2. 为什么要弘扬优良的家风？

第三部分　实践拓展

实践活动 1：走进敬老院志愿者活动

【实践目标】

通过走进敬老院为老人献爱心，继承和发扬中华民族的传统美德，增强大学生的社会责任感。

【实践方案】

1. 活动时间：半天或全天。

2. 活动地点：学校附近敬老院。

3. 活动方式：志愿者活动。

4. 活动流程：

（1）以班级为单位，按照每组 4~6 人划分小组，选出一名组长。

（2）由老师带队，前往事先联系好的学校附近的敬老院。

（3）以小组为单位，明确人员分工。帮助敬老院老人打扫卫生并组织一场小型文艺表演供老人欣赏。

（4）活动结束，保证同学们全部安全返回学校。

【实践评价】

根据同学们在敬老院的表现，评定实践分数。

实践活动 2：“保护地球家园”宣传活动

【实践目标】

通过宣传活动，大学生增强节约意识、环保意识、生态意识，深入地了解人与自然和谐共处的重要性。

【实践方案】

1. 活动时间：半天。

2. 活动地点：学校。

3. 活动方式：宣传活动。

4. 活动流程：

（1）将班级同学按照每组 3~6 人划分小组，分成广播组、标语组、展板组、签名组等，各小组分别负责相应项目活动。

（2）校园广播。学生可利用校园广播宣传环保知识（需要事先与广播站沟通协调好），做一期生态文明的宣传节目，具体策划可以自己拟订。

（3）环保标语比赛。比赛可在课堂上进行，请同学们发挥自己的创造力，想出尽可能多的保护环境宣传标语，其中有些代表性的标语可用于本次活动宣传。

（4）校园展板宣传。利用校园内展板展示国家生态文明建设政策、措施，全面介绍人与自然和谐共处的重要性以及保护环境的多种方式。展板可按照几个人一组分工设计，形式不限。

（5）保护环境签名活动。开展在校师生签名活动，让环保意识进一步升华。

【实践评价】

根据同学们在宣传活动中的表现，评定实践分数。

第四部分　习题训练

一、单项选择题

1. 社会主义核心价值观的 24 个字是（　　）。

A. 民主、文明、和谐、正义、自由、平等、公正、法治、爱国、敬业、诚信、友善

B. 富强、民主、文明、和谐、友爱、平等、公正、法治、爱国、敬业、诚信、友善

C. 民主、文明、和谐、自由、平等、公正、法治、爱国、敬业、诚信、友善、公道

D. 富强、民主、文明、和谐、自由、平等、公正、法治、爱国、敬业、诚信、友善

2. 人民有信仰，民族才有希望，国家才有力量。对一个民族、一个国家来说，最持久、最深层的力量是（　　）。

A. 统治阶级认可的法治观

B. 统治阶级认可的德治观

C. 全社会共同认可的核心价值观

D. 统治阶级认可的大政方针政策

3. 属于国家层面的社会主义核心价值观是（　　），从国家层面标注了社会主义核心价值观的时代刻度。

A. 富强、民主、文明、和谐　　B. 自由、平等、公正、法治

C. 爱国、敬业、诚信、友善　　D. 公平、公正、公开、民主

4. 属于社会层面的社会主义核心价值观是（　　），从社会层面明确了每个社会成员应当共同遵守和践行的价值准则。

A. 富强、民主、文明、和谐　　B. 自由、平等、公正、法治

C. 爱国、敬业、诚信、友善　　D. 公平、公正、公开、民主

5. 属于公民层面的社会主义核心价值观是（　　），是每一个公民都应当树立的道德规范和价值追求。

A. 富强、民主、文明、和谐　　B. 自由、平等、公正、法治

C. 爱国、敬业、诚信、友善　　D. 公平、公正、公开、民主

6. 我国古代思想家提出“和而不同”“和合中庸”“政通人和”“天人合一”等思想，这体现了（　　）的理念。

A. 重和谐　　B. 重伦理

C. 重民本　　D. 重爱国

7. 美国前总统林肯曾经说：“所有的人生来都是平等的。”这里的“平等”主要是指（　　）。

A. 规则平等　　B. 形式平等

C. 权利平等　　D. 机会平等

8. 我们所说的社会主义核心价值体系，是指以（　　）为内核，全面体现社会主义意识形态本质要求的、系统化的核心价值理论。

A. 社会主义核心价值观　　B. 核心价值观

C. 价值观　　D. 价值体系

9. 培育和践行社会主义核心价值观是提升（　　）软实力的基石。

A. 中国民族　　B. 中华文化

C. 中华民族　　D. 中国文化

10. 社会主义核心价值观，为人们确定和实现人生价值提供了基本遵循。人生价值评价主要是看一个人的人生活动是否符合社会的客观规律，其评价的根本尺度是（　　）。

A. 历史标准　　B. 政治标准

C. 经济标准　　D. 文化标准

二、多项选择题

1. 社会主义核心价值观与社会主义核心价值体系的关系有（　　）。

A. 社会主义核心价值观是社会主义核心价值体系的内核

B. 社会主义核心价值观确立了当代中国最基本的价值观念

C. 社会主义核心价值观是对社会主义核心价值体系的高度凝练和集中表达

D. 社会主义核心价值观体现着社会主义核心价值体系的根本性质和基本特征

2. 社会主义核心价值体系包括（　　）。

A. 马克思主义指导思想

B. 中国特色社会主义共同理想

C. 以爱国主义为核心的民族精神和以改革创新为核心的时代精神

D. 社会主义荣辱观

3. 培育和践行社会主义核心价值观是一项人心工程、灵魂工程。大学生在学习生活中应（　　）。

A. 深化理性认知，准确把握其基本内容、精神实质、重大意义和实践要求，增强价值判断力

B. 增进情感认同，自觉用中华优秀传统文化滋养心灵，明确时代和人民赋予的责任

C. 注重实践履行，从身边的小事做起，从一点一滴做起，真正把社会主义核心价值观内化于心、外化于行

D. 从现在做起，从自己做起，使社会主义核心价值观成为自己的基本遵循，形成自觉奉行的信念理念

4. 社会主义核心价值观倡导（　　）。

A. 富强、民主、文明、和谐　　B. 自由、平等、公正、法治

C. 爱国、敬业、诚信、友善　　D. 勤劳、节俭、勇敢、理性

5. 诚信是人类传承千年的道德传统，强调（　　）。

A. 诚实劳动　　B. 信守承诺

C. 诚恳待人　　D. 兢兢业业

6. 2018 年 3 月，第十三届全国人民代表大会第一次会议表决通过了《中华人民共和国宪法修正案》。其中，将社会主义核心价值观写入宪法，凸显了社会主义核心价值观的重要意义。社会主义核心价值观是（　　）。

A. 坚持和发展中国特色社会主义的价值遵循

B. 构建人类命运共同体的行动指南

C. 增进社会团结和谐的最大公约数

D. 提高国家文化软实力的迫切要求

三、判断题

1. 社会主义核心价值观是社会主义核心价值体系的精神内核。（　　）

2. 社会主义核心价值观与社会主义核心价值体系本质不同。（　　）

3. 社会主义核心价值观和社会主义核心价值体系是紧密联系、互为依存、相辅相成的。（　　）

4. 2018 年 3 月，十三届全国人大一次会议通过宪法修正案，把国家倡导社会主义核心价值观正式写入宪法，进一步凸显了社会主义核心价值观的重要意义。（　　）

5. 富强、民主、文明、和谐回答了我们要建设什么样的社会的重大问题。（　　）

四、简答题

1. 社会主义核心价值观包括哪些具体内容。

2. 培育和践行社会主义核心价值观，为什么要继续弘扬中华优秀传统文化?

3. 如何把社会主义核心价值观落细落小落实?

第五部分　材料分析

结合材料回答问题。

材料1：中华民族历来有重家风、重家教、守家规的传统，好家风的实例可谓不胜枚举。

宋代的司马光，在给儿子司马康的家训——《巡俭示康》中说道：“平生衣取蔽寒，食取充腹；亦不敢服垢弊以矫俗于名，但顺吾性而已。众人皆以奢靡为荣，吾心独以俭素为美。”司马光教育儿子要以俭素为美，不要以奢靡为荣，说的是个人志向，批评的是奢靡风气，令人信服。在他的言传身教下，家族后人也都以贤德立身。

清代的郑板桥，自幼家贫，为官以后生活条件才得以改善，但他从未将所得俸银留作自家使用，而是分给亲友、乡邻。他在一封家信中写道：“每一念及，真含泪欲落也，汝持俸钱南归，可挨家比户，逐一散给。”他还开列了族人及亲友、同窗的具体名单，将俸银全部分完。郑板桥这种乐善好施的行为直到晚年都没有改变，在他的周围产生了广泛影响，更得到后世的赞赏。

材料2：家风是一个人精神成长的重要源头。有什么样的家风，往往就有什么样的做人做事态度、为人处世的风格。从一个人的举手投足到行为处事，能折射出好家风对他的影响，会让人看到父母长辈在他成长中精心抚育的印记。可以说，好家风的传承过程，同样也是延续优良文明基因的过程。

随着社会的发展，家风也要与时俱进，将不利于文明进步不利于社会和谐的因素剔除，不断被赋予新的内容。鉴于此，国家通过倡导家风建设，培育和践行社会主义核心价值观，给社会注入暖暖的正能量。

（根据公开资料整理）

1. 为什么说“好家风的传承过程，同样也是延续优良文明基因的过程”？

2. 如何通过好家风的传承弘扬社会主义核心价值观?

专题五
遵守道德规范　锤炼道德品格

第一部分　理论点睛

一、坚持马克思主义道德观

道德是一种特殊的社会意识形态，它是以善恶为评价方式，主要依靠社会舆论、传统习俗和内心信念来发挥作用的行为规范的总和。作为人类社会发展到一定阶段的必然产物，道德对人和社会发展具有重要的促进作用，并随着社会的发展而不断进步。准确把握道德的起源和本质，正确认识道德的功能与作用，深刻理解社会主义道德是对人类以往道德形态的超越，是大学生建立正确道德认知的前提。马克思主义道德观是科学世界观、人生观、价值观在道德领域的反映与体现。

（一）道德的起源与本质

劳动是道德起源的首要前提。社会关系是道德赖以产生的客观条件。人的自我意识是道德产生的主观条件。

马克思主义在人类思想史上第一次科学而全面地论述了道德的起源问题，强调道德属于上层建筑的范畴，是一种特殊的社会意识形态，为正确认识和理解道德的本质奠定了基础。

道德的本质：道德是反映社会经济关系的特殊意识形态。道德是社会利益关系的特殊调节方式。道德是一种实践精神。

（二）道德的功能与作用

道德的功能，一般是指道德作为社会意识的特殊形式对于社会发展所具有的功效与作用。道德的功能是多元的，同时也是多层次的。

道德的认识功能是指道德反映社会关系特别是反映社会经济关系的功效与能力。

道德的规范功能是指在正确善恶观的指引下，规范社会成员在社会公共领域、职业领域、家庭领域的行为，并规范个人品德的养成，引导并促进人们崇德向善。从道德的特征来说，道德和法律一样，都是通过规范人的行为发挥作用。

道德的调节功能是指道德通过评价等方式指导和纠正人们的行为和实践活动、协调社会关系和人际关系的功效与能力。

道德的作用是指道德的认识、规范、调节、激励、导向、教育等功能的发挥和实现所产生的社会影响及实际效果。

道德发挥作用的性质与社会发展的不同历史阶段相联系，由道德所反映的经济基础、代表的阶级利益所决定。

（三）社会主义道德是崭新类型的道德

与以往社会的道德形态相比，社会主义道德具有显著的先进性特征。这种先进性主要体现在以下几个方面。首先，社会主义道德是社会主义经济基础的反映。其次，社会主义道德是对人类优秀道德资源的批判继承和创新发展。最后，社会主义道德克服了以往阶级社会道德的片面性和局限性，坚持以为人民服务为核心，坚持以集体主义为原则，展现出真实而强大的道义力量。

二、坚持以为人民服务为核心

为什么人服务是道德的核心问题，决定并体现着道德建设的根本性质和发展方向，规定并制约着道德领域中的所有道德现象。

（一）社会主义道德的本质要求

为人民服务是社会主义经济基础和人际关系的客观要求。为人民服务是社会主义市场经济健康发展的要求。

（二）先进性与广泛性的统一

为人民服务是先进性要求和广泛性要求的统一。

为人民服务作为社会主义道德的核心，是社会主义道德区别和优越于其他社会形态道德的显著标志。

三、坚持以集体主义为原则

道德原则是道德规范体系的总纲，它最直接最集中地反映着一定社会经济关系和利益关系的根本要求，代表着一定阶级的根本利益和长远利益。社会主义道德的原则是集体主义。在我国，国家利益、社会整体利益和个人利益根本上的一致性，使得集体主义应当而且能够在全社会范围内贯彻实施。

长期以来，集体主义已经成为调节国家利益、社会整体利益和个人利益关系的基本原则。

集体主义强调国家利益、社会整体利益和个人利益的辩证统一。集体主义强调国家利益、社会整体利益高于个人利益。

集体主义重视和保障个人的正当利益。集体主义促进和保障个人正当利益的实现，使个人的才能、价值得到充分的发挥。

四、传承中华传统美德

传统道德是历史上不同时代人们的行为方式、风俗习惯、价值观念和文化心理的集中体现，是对道德实践经验的提炼总结。中华优秀传统文化中很多思想理念和道德规范，不论过去还是现在，都有其永不褪色的价值。

（一）中华传统美德的基本精神

重视整体利益，强调责任奉献；推崇仁爱原则，注重以和为贵；注重人伦关系，重视道德义务；强调道德修养，注重道德践履。

（二）中华传统美德的创造性转化和创新性发展

传统道德是一个矛盾体，具有鲜明的两重性。属于精华的部分，表现出积极、革新、进步的一面；属于糟粕的部分，则表现出消极、保守、落后的一面。中华传统美德作为中国传统道德的精华部分，为今天的道德建设提供了丰富的资源。我们要坚定历史自信、文化自信，不忘本来、辩证取舍，古为今用、推陈出新，传承和弘扬中华传统美德。

五、发扬中国革命道德

中国革命道德是对中华传统美德的延续和发展。传承和发扬中国革命道德，是弘扬中华传统美德的应有之义，是加强社会主义道德建设的客观需要，也是激励大学生锤炼优良道德品质的必然要求。

（一）中国革命道德的形成与发展

中国革命道德，是指中国共产党人、人民军队、一切先进分子和人民群众在中国革命、建设、改革中所形成的优秀道德，是马克思主义与中国革命、建设、改革的伟大实践相结合的产物，是中华民族极其宝贵的道德财富。

中国共产党始终高度重视继承和发扬革命道德传统，强调发扬革命传统是我国民主革命能否取得胜利的重要因素。

中国革命道德作为一种精神力量，对中国的革命、建设、改革事业发挥着极其重要的作用。

弘扬中国革命道德，要同弘扬中华传统美德相结合。

（二）中国革命道德的主要内容

为实现社会主义和共产主义理想信念而奋斗；全心全意为人民服务；始终把革命利益放在首位；树立社会新风，建立新型人际关系；修身自律，保持节操。

（三）中国革命道德的当代价值

有利于加强和巩固社会主义和共产主义的理想信念；有利于培育和践行社会主义核心价值观；有利于引导人们树立正确的道德观；有利于培育良好的社会道德风尚。

六、借鉴人类文明优秀道德成果

文明因交流而多彩，文明因互鉴而丰富。人类文化和文明发展进步的过程表明，一种文化能够通过与其他文化交流碰撞和冲突融合而保持其生命力，是实现自我更新和自我发展的重要条件。因此，一个国家或民族的道德进步，既要注意在文明交流中坚守自身优秀道德传统，也要在文明互鉴中积极吸收其他有益道德成果。

借鉴和吸收人类文明优秀道德成果，必须秉承正确的态度和科学的方法。不同的道德文明体现了各自的生活方式、人生态度、价值信仰和行为方式，但不同民族或国家之间仍然会面临某些共同的问题，形成一些具有共性的道德认识。

七、遵守社会公德

（一）公共生活中的道德规范

公共生活中的道德规范，即社会公德，是指人们在社会交往和公共生活中应该遵守的行为准则，是维护公共利益、公共秩序、社会和谐稳定的起码的道德要求，涵盖了人与人、人与社会、人与自然之间的关系。

每一个社会成员，都应遵守以文明礼貌、助人为乐、爱护公物、保护环境、遵纪守法为主要内容的社会公德。

（二）网络生活中的道德要求

人类已进入互联网时代，我国已成为网络大国。网络走进千家万户，融入社会生活的方方面面，这既会影响人们的求知途径、思维方式、价值观念，也会影响人们对国家、社会、人生的看法。

网络生活中的道德要求有：正确使用网络工具；加强网络文明自律；营造良好网络道德环境。

八、恪守职业道德

（一）职业生活中的道德规范

职业生活中的道德规范即职业道德，是指从事一定职业的人在职业生活中应当遵循的具有职业特征的道德要求和行为准则，涵盖了从业人员与服务对象、职业与职工、职业与职业之间的关系。爱岗敬业、诚实守信、办事公道、热情服务和奉献社会是职业生活中的基本道德规范。

（二）树立正确的择业观和创业观

树立正确的择业观和创业观，对大学生顺利走进职业生活具有重要意义。

要树立崇高的职业理想；要服从社会发展的需要；要做好充分的择业准备；要培养创业的勇气和能力。

九、弘扬家庭美德

（一）注重家庭、家教、家风

家庭是社会的基本细胞，是人生的第一所学校。不论时代发生多大变化，生活格局发生多大变化，都要重视家庭建设，注重家庭、家教、家风。

（二）恋爱、婚姻家庭中的道德规范

恋爱中的道德规范主要有尊重人格平等、自觉承担责任和文明相亲相爱。婚姻是指由法律所确认的男女两性的结合以及由此而产生的夫妻关系。

家庭美德以尊老爱幼、男女平等、夫妻和睦、勤俭持家、邻里互助为主要内容，在维系和谐美满的婚姻家庭关系中具有重要而独特的功能。

（三）树立正确的恋爱观与婚姻观

大学生在恋爱中要避免以下误区。第一，不能误把友谊当爱情。第二，不能错置爱情的地位。第三，不能片面或功利化地对待恋爱。第四，不能只重过程不顾后果。

责任是爱情得以长久的重要保障，是坚贞爱情的试金石。

树立正确的恋爱观，大学生还要处理好几种关系：一是恋爱与学习的关系；二是恋爱

与关心集体的关系；三是恋爱与关爱他人和社会的关系。

在校大学生如果符合我国法律规定的结婚条件可以结婚，但对结婚成家需持谨慎、理性的态度。

十、锤炼个人品德

（一）涵养高尚道德品格

个人品德是通过社会道德教育和个人自觉的道德修养所形成的稳定的心理状态和行为习惯。大学生要形成正确的道德认知和道德判断；要激发正向的道德认同和道德情感；要强化坚定的道德意志和道德信念。

（二）道德修养重在践行

高尚道德品格的形成重在实践，贵在坚持。大学生投身崇德向善的道德实践，就要自觉加强道德修养，向道德模范学习，培养志愿服务精神，大力弘扬时代新风。

掌握道德修养的正确方法：向道德模范学习；参与志愿服务活动。

（三）积极引领社会风尚

良好的社会风尚是人们在社会道德实践中逐渐形成的。大学生投身崇德向善的道德实践，要弘扬真善美、贬斥假恶丑，做社会主义道德的示范者和引领者，促成知荣辱、讲正气、作奉献、促和谐的社会风尚。

社会文明状况是社会风尚的重要体现。各种创建文明城市、文明村镇、文明单位、文明家庭、文明校园的活动，就是要在全社会推动形成知荣辱、讲正气、作奉献、促和谐的社会风尚。

第二部分　案例思考

“90后”藏族青年的“创客梦”：一直前行　从未放弃

“从最初的创业‘小白’到现在拥有一家公司，一直前行、从未放弃。”回忆起自己的创业过程，“90后”藏族“创客”索南木才让感触颇深。

创业之梦结出收获的果实

索南木才让是甘肃省甘南藏族自治州卓尼县尼巴镇尼巴村人。这个从山沟沟里出来的优秀藏族学生，从重庆一所大学毕业后，放弃留校工作的机会，回到家乡开启创业历程。

怀揣着创业梦想的索南木才让，深谙“站在岸上学不会游泳”的道理，先后到当地的互联网公司和财税公司进行学习。功夫不负有心人，2017年，他被一家世界500强企业的项目经理选中，并决定投资其在甘南创办科技企业，弥补甘南地区对网络信息化及科技事业发展的短板和不足。

从此，索南木才让开启了他的创业生涯。

他与合伙人赴西安阿里巴巴丝路总部交流对接，经过不断努力，终于获得“钉钉甘南藏族自治州区域服务商”授权，成为甘南州第一家阿里巴巴的合作服务商。

“创业之初，遇到了不小的阻力与挫折，最多的是观念上的不理解。当时，人们更多习惯沿用手工记账、人工报表，担心电子产品后续收费昂贵。”索南木才让认为，传统数据不联通，管理有很大困难，抢占新业态“风口”势在必行。

“锲而不舍，金石可镂。”对“数字工作”情有独钟的索南木才让，带领着团队小伙伴一路向前，奔赴在甘南州七县一市开拓业务。现在，他已经成为当地公认的“数据专家”。

“政府的扶持和支持对创新创业至关重要。”索南木才让说，国家和各级政府出台了许多针对小微企业的优惠政策，在当地政府的扶持帮助下，该团队入驻甘南州信息化产业孵化园，享受3年房租全免。

“加入甘南州青年商会后，商会为会员提供长期的财税、法务和国家有关政策解读等，在企业成长过程中给予实实在在的帮助。”索南木才让受访时说。

目前，该团队先后为甘南州多个县市及州直政府单位和中小企业提供了智能化办公解决方案部署，并入选“甘肃省科技创新型企业”“甘肃省中小微企业公共示范平台”及甘南州传统产业“绿色化、信息化、智能化”改造服务商。

“自己创业并不是为了挣大钱，而是基于新发展的理念，助推家乡新发展。”索南木才让说。

坚守创业初心，点燃心中梦想

甘南有鲜为人知的自然美景、悠久的历史文化和多彩的民俗文化。“努力把甘南特色文化融入产品的生产设计中，以现代视角诠释藏族文化之美，让藏族文化更有深度、更有生命力。”这正是藏族小伙宁少贤创立蕃迦文创品牌的初衷。

藏式石版画摆件、文创口红、富含藏族元素的背包、“藏地”系列明信片……“90后”宁少贤对自家的品类以及文创产品背后的历史故事如数家珍。他和团队原创设计将甘南独特的风光、藏族元素以文创产品的形式展现出来，期待外界了解甘南、爱上甘南。

除了围绕文创产品研发与销售，宁少贤还身兼甘南州青年商会会长。“近年来，商会不断为会员搭建坚实而广阔的学习交流平台，帮助当地青年企业家招商引资、交流学习、对外推介。同时，以互助金的形式，解决甘南农村青年创业过程中的资金瓶颈问题。”他说。

据宁少贤介绍，甘南州青年商会成立于2018年12月，是由甘南州工商联主管，为青年企业家提供资源整合对接的平台，并为商会企业发展提供免费咨询服务。目前，服务青年企业遍布甘南七县一市，涉及行业逐渐多元化，包括房地产开发、智能软件业、文化旅游产业、农畜产业和政府项目承接等。商会成员绝大多数为甘南籍五年内毕业的大学毕业生创业者。

近年来，甘南州青年商会认真履行社会责任，商会企业与甘南州35家农牧专业合作社签署了农畜产品代销带贫协议，参加甘南州统一战线“助力扶贫攻坚”暨“百企帮百村”行动，会员企业帮助甘南州八县市65家农牧专业合作社及企业完成2000万甘南消费帮扶产品的销售平台对接工作。

同时，甘南州青年商会勇担社会责任，在卓尼县刀告小学设立了甘南青年商会长期助学基金会。

宁少贤表示，希望加入商会的青年创业者抱团成长，继续凝聚青年智慧，成为一个有本事、有责任、有担当的新时代青年创业者，为心中的创业梦一步一个脚印，奋进前行。

据甘南藏族自治州市场监督管理局披露，目前当地共有包括企业户、个体工商户、农民专业合作社等市场主体逾6万户。2022年，该州新设立市场主体9068户，新增注册资金173.38亿元，同比分别增长22.6%和18.2%。

（参见《“90后”藏族青年的“创客梦”：一直前行　从未放弃》，中国新闻网，2023年1月8日）

【案例解析】

本案例主要介绍了“90后”藏族“创客”索南木才让、宁少贤的创业过程，他们坚守创业初心，成为有本事、有责任、有担当的新时代青年创业者，为心中的创业梦一步一个脚印，奋进前行。

【案例讨论】

1. 结合案例，谈谈你对青年创业观的理解。

2. 大学生应如何树立正确的择业观和创业观？

第三部分　实践拓展

实践活动 1：“中华传统美德格言”书法比赛

【实践目标】

举办“中华传统美德格言”书法比赛，鼓励大学生收集和整理中华传统美德格言，并理解其中蕴藏的精神财富。

【实践方案】

1. 活动时间：比赛时间为 2 学时，收集整理格言时间可为业余时间。

2. 活动地点：教室。

3. 活动方式：书法比赛。

4. 活动流程：

（1）利用课余时间，收集整理若干中华传统美德格言，每人至少准备一则。

（2）课前准备好书法工具，如毛笔、墨、宣纸等；如书写硬笔书法，需准备钢笔、纸等。

（3）同学们在课上书写自己准备好的格言。

（4）在班级内展示写好的作品。

（5）集体评议选出优秀作品。

【实践评价】

根据书法作品的质量，评定同学们的实践分数。

计分表

评分项目	分值	得分	总分
格言是否得当	20		
书法作品的意境	20		
书法作品的基本功	30		
书法作品的布局	30		

实践活动 2：大学生职业生涯规划比赛

【实践目标】

通过组织职业生涯规划比赛，提高大学生的人生规划意识，锻炼大学生的规划、实践能力。

【实践方案】

1. 活动时间：比赛时间为半天，可用课余时间撰写职业生涯规划书。

2. 活动地点：教室。

3. 活动方式：比赛。

4. 活动流程：

（1）同学们利用课余时间撰写职业生涯规划书。规划书分两个类别：一是以选择具体职业就业为目标的职业规划类，二是以创业为职业目标的创业规划类。

（2）课堂比赛环节分为主题陈述、职业角色模拟、现场答辩三部分，每位同学的比赛时间 10 分钟。主题陈述可配合使用多媒体课件，职业角色必须现场模拟，要体现对目标职业的深刻理解，展示职业精神内涵。

（3）邀请评委对同学们的表现进行点评，并评选出最佳职业生涯规划书。

【实践评价】

根据同学们在比赛中的表现，评定实践分数。

计分表

评分项目	分值	得分	总分
主题陈述	30		
职业角色模拟	30		
现场答辩	40		

第四部分　习题训练

一、单项选择题

1. 个人能否按道德要求去做，关键在于（　　）。

A. 社会舆论　　B. 传统习惯

C. 内心信念　　D. 评价方式

2. “一个人做点好事并不难，难的是一辈子做好事，不做坏事，一贯地有益于广大群众，一贯地有益于青年，一贯地有益于革命，艰苦奋斗几十年如一日，这才是最难最难的啊！”这说明了（　　）。

A. 人才成长的道路

B. 实现人生理想的途径

C. 个人修养是一个不断的长期的曲折的实践过程

D. 修养的境界是一个人修养所达到的实践水平或程度

3. 使人们自觉遵循和践行道德原则规范的有效途径是（　　）。

A. 一切道德传统

B. 培养良好的道德品质

C. 随心所欲地选择道德行为

D. 靠国家强制力来维护道德原则规范

4. 社会主义道德的核心是（　　）。

A. 集体主义　　B. 为人民服务

C. 公私兼顾　　D. 大公无私

5. 下面几句话中体现重视整体利益、国家利益和民族利益的是（　　）。

A. 赠人玫瑰，手有余香　　B. 兼相爱，交相利

C. 凡人之所以为人者，礼义也　　D. 先天下之忧而忧，后天下之乐而乐

6. 在社会交往和公共生活中应当遵循的最起码的道德规范是（　　）。

A. 个人品德　　B. 社会公德

C. 爱国主义　　D. 民族精神

7. “多少世纪以来人们就知道的、千百年来在一切行为守则上反复谈到的、起码的公共生活规则”指的是（　　）。

A. 公共秩序　　B. 社会秩序

C. 法律秩序　　D. 国家秩序

8. 我国职业道德的最高层次要求是(　　),体现了社会主义职业道德的最高目标指向。

A. 诚实守信　　B. 办事公道

C. 服务群众　　D. 奉献社会

9.（　　）是社会公德的最基本要求，是维护公共生活秩序的重要条件。

A. 文明礼貌　　B. 爱护公物

C. 保护环境　　D. 遵纪守法

10. 婚姻家庭的（　　）属性是婚姻家庭的本质属性。

A. 自然　　B. 社会

C. 物质　　D. 精神

11. 2018 年 9 月 10 日，全国教育大会在北京召开，会议上习近平总书记指出，培养什么人，是教育的首要问题，我国是共产党领导的社会主义国家，决定了我们的教育要（　　）。

A. 推进教育现代化　　B. 培养社会主义建设者和接班人

C. 全面深化教育体制改革　　D. 建设教育强国

二、多项选择题

1. 维系道德的途径主要是（　　）。

A. 社会舆论　　B. 传统习俗

C. 内心信念　　D. 国家强制力

2. 下面各项对“慎独”理解正确的有（　　）。

A. 是我国古代儒家创造出来的具有我国民族特色的自我修身方法

B. 在有人看见的情况下严格要求自己

C. 仍对今天的社会主义道德建设具有重要的现实价值

D. 独立工作、无人监督，有做坏事的可能而不做坏事

3. 人类道德进步的主要表现是（　　）。

A. 道德在社会生活中所起的作用越来越重要

B. 道德调控的范围不断扩大

C. 道德的发展和进步成为衡量社会文明程度的重要尺度

D. 对于促进社会和谐与人的全面发展的作用越来越突出

4. 长期以来，我国各行各业涌现了“铁人”王进喜、“宁肯一人脏、换来万家净”的时传祥、“新时代雷锋”徐虎等一大批职业道德模范，铸就了“爱岗敬业、争创一流、艰苦奋斗、勇于创新、淡泊名利、甘于奉献”的劳模精神。大学生应当以职业道德模范为榜样，培养（　　）的良好职业道德意识，为未来的职业生活做准备。

A. 积极进取　　B. 甘于奉献

C. 服务社会　　D. 假公济私

5. 网络生活中的道德要求，是人们在网络生活中为了维护正常的网络公共秩序而需要共同遵守的基本道德准则，是社会公德规范在网络空间的运用和扩展。大学生应当（　　），坚持文明上网，养成健康的上网习惯，成为净化网络空间的积极力量。

A. 正确使用网络工具　　B. 健康进行网络交往

C. 自觉避免沉迷网络　　D. 养成网络自律精神

6. 2019 年 10 月，中共中央、国务院印发的《新时代公民道德建设实施纲要》是在中国特色社会主义进入新时代的背景下，推动我国精神文明建设再上新高度，为实现中华民族伟大复兴中国梦凝心聚魂的指导性文件。新时代公民道德建设的重点任务是（　　）。

A. 传承中华传统美德　　B. 培育和践行社会主义核心价值观

C. 筑牢理想信念之基　　D. 弘扬民族精神和时代精神

三、判断题

1. 中华传统美德的化育功能，是指使传统美德与日常生活水乳交融，让传统美德中蕴含的伦理精神点点滴滴地导入人们的生活中并生根发酵，产生化育的功能，不断丰富人们的精神世界，增强人们的精神力量。（　　）

2. 为人民服务与社会主义市场经济是对立的。（　　）

3. 作弊既违反了社会规则，还会带来一系列负面的社会效应，同时带来消极的自我感知。（　　）

4. 诚实守信在我国思想道德建设中具有特殊重要的作用，它既是中华民族的传统美德，也是我国公民道德建设的重点，还是社会主义核心价值观的一条重要准则。（　　）

5. 职业活动只是人们的谋生手段。（　　）

四、简答题

1. 简述社会公德的基本要求。

2. 简述职业道德的基本要求。

3. 简述家庭美德的基本要求。

第五部分　材料分析

结合材料回答问题：

材料 1：大国崛起，匠心筑梦。一批又一批坚定卓越、勇于奉献的能工巧匠们，为社会主义建设事业作出了杰出贡献。这其中，投身梦想的青年工匠们更是为新时代技能人才队伍注入了新的活力，以精雕细琢、精益求精的工匠精神，为青年人树立榜样。

大国工匠呼唤青年力量。让工匠精神的种子在青年群体中生根发芽。青年一代要涵养内心定力，培养精益求精的气质，在百舸争流、千帆竞发的时代洪流中勇立潮头、展现风采。

（参见《青年工匠：让工匠精神的种子在青年群体中生根发芽》，人民网 – 中国共产

党新闻网，2022 年 4 月 30 日）

材料 2：工匠精神体现着劳动者独具匠心、精雕细琢、尽善尽美的追求和坚守，蕴含着严谨、执着、敬业、创新等可贵品质。16 岁开始学砌墙的邹彬，勇夺第四十三届世界技能大赛砌筑项目优胜奖，实现了我国砌筑项目奖牌零的突破。“海岛”电工赵儒新，三十多年如一日，为服务 12 座小岛上 237 户居民的生活需要全天候“待命”。对个人而言，掌握一技之长，淬炼精湛技艺，能够在平凡岗位上建功立业，实现人生出彩。在全社会大力弘扬工匠精神，培育精益求精、新益求新的工匠品格，则是推动高质量发展、实施制造强国战略、全面建设社会主义现代化国家的必然要求。

（参见《大力弘扬工匠精神》，《人民日报》2023 年 11 月 16 日）

1.“工匠精神”的实质是什么?

2.“大国工匠呼唤青年力量”，对此，你是怎么理解的?

专题六
学习法治思想　提升法治素养

第一部分　理论点睛

一、法律的含义及其历史发展

（一）法律的含义

法律是由国家创制和实施的行为规范。国家创制法律规范的方式主要有两种：一是国家机关在法定的职权范围内依照法定程序，制定、修改、废止规范性法律文件；二是国家机关赋予某些既存社会规范法律效力，或者赋予先前的判例法律效力。法律由一定的社会物质生活条件所决定。法律是统治阶级意志的体现。

综上所述，可以将法律定义为：法律是由国家制定或认可并由国家强制力保证实施的，反映由特定社会物质生活条件所决定的统治阶级意志的规范体系。

（二）法律的历史发展

法律不是从来就有的，也不是永恒存在的。它随着私有制、阶级和国家的产生而产生，也将随着私有制、阶级和国家的消亡而消亡。法律作为上层建筑的重要组成部分，其基本内容和性质总是与所在社会的生产关系相适应的。奴隶制法律、封建制法律、资本主义法律都是建立在私有制经济基础之上的剥削阶级类型法律，而社会主义法律则是人类历史上以公有制为基础的新型法律。

二、我国社会主义法律的本质特征

我国社会主义法律，是在中国共产党领导新民主主义革命时期孕育、在中华人民共和国成立后不断形成和发展起来的。改革开放以来，我国法治建设进入了快速发展时期，形成了以宪法为核心的中国特色社会主义法律体系，为中国共产党领导人民当家作主、推进改革开放和建设社会主义现代化国家提供了坚实法治保障。

我国社会主义法律体现了党的主张和人民意志的统一；我国社会主义法律具有科学性和先进性；我国社会主义法律是中国特色社会主义建设的重要保障。

三、我国社会主义法律的运行

法律的运行是一个从创制、实施到实现的过程。这个过程主要包括法律制定、法律执行、法律适用、法律遵守等环节。法律制定是国家对权利和义务，即社会利益和负担进行的权威性分配；法律的执行、适用、遵守则把法律规范转化为法律实践，把法定的权利和义务转化为现实的权利和义务。我国社会主义法律的运行具有鲜明的中国特色。

四、全面依法治国的根本遵循

2020 年 11 月，中央全面依法治国工作会议正式提出习近平法治思想，并将其确立为全面依法治国的指导思想和根本遵循。

（一）习近平法治思想的形成和意义

20 世纪以来，马克思主义在中国获得广泛传播和深入发展。党的十八大以来，习近平总书记高度重视全面依法治国，创造性提出了一系列全面依法治国新理念新思想新战略，形成习近平法治思想，指导和推动了社会主义法治建设发生历史性变革、取得历史性成就，全面依法治国实践取得重大进展。

习近平法治思想是经过长期发展而形成的内涵丰富、论述深刻、逻辑严密、系统完备的法治理论体系，为建设法治中国指明了前进方向，在中国特色社会主义法治建设进程中具有重大政治意义、理论意义、实践意义。

习近平法治思想深刻揭示了社会主义法治的生命力和优越性，推动了中国特色社会主义法治理论创新发展。

（二）习近平法治思想的主要内容

2020 年 11 月，习近平总书记在中央全面依法治国工作会议上的重要讲话中，用“十一个坚持”对全面依法治国进行了系统阐释、部署。这“十一个坚持”涉及的都是全面依法治国方向性、根本性、全局性的重大问题，从全面依法治国的政治方向、战略地位、工作布局、主要任务、重大关系、重要保障等方面提出了一系列新理念新观点新论断，构成了习近平法治思想的主要内容。

“十一个坚持”，即坚持党对全面依法治国的领导；坚持以人民为中心；坚持中国特色社会主义法治道路；坚持依宪治国、依宪执政；坚持在法治轨道上推进国家治理体系和治理能力现代化；坚持建设中国特色社会主义法治体系；坚持依法治国、依法执政、依法行政，共同推进法治国家、法治政府、法治社会一体建设；坚持全面推进科学立法、严格执法、公正司法、全民守法；坚持统筹推进国内法治和涉外法治；坚持建设德才兼备的高素质法治工作队伍；坚持抓住领导干部这个“关键少数”。

五、坚持走中国特色社会主义法治道路

（一）为什么要走中国特色社会主义法治道路

走中国特色社会主义法治道路，是历史的必然结论；走中国特色社会主义法治道路，是由我国社会主义国家性质所决定的；走中国特色社会主义法治道路，是立足我国基本国情的必然选择。

（二）坚持中国特色社会主义法治道路必须遵循的原则

坚持中国共产党的领导；坚持人民主体地位；坚持法律面前人人平等；坚持依法治国和以德治国相结合。

六、建设法治中国

全面依法治国是一个系统工程，要整体谋划，更加注重系统性、整体性、协同性。

（一）建设中国特色社会主义法治体系

全面依法治国涉及很多方面，必须有一个总揽全局、牵引各方的总抓手，这个总抓手就是建设中国特色社会主义法治体系。建设中国特色社会主义法治体系，就是要形成完备的法律规范体系、高效的法治实施体系、严密的法治监督体系、有力的法治保障体系，形成完善的党内法规体系。

（二）坚持依法治国、依法执政、依法行政共同推进，法治国家、法治政府、法治社会一体建设

依法治国、依法执政、依法行政是一个有机整体，关键在于党要坚持依法执政、各级政府要坚持依法行政；推进全面依法治国，法治政府建设是重点任务和主体工程，对法治国家、法治社会建设具有示范带动作用；推进全面依法治国，法治社会建设是基础工程。

（三）坚持全面推进科学立法、严格执法、公正司法、全民守法

科学立法是全面依法治国的前提，严格执法是全面依法治国的关键，公正司法是全面依法治国的重点，全民守法是全面依法治国的基础。全面依法治国，必须从立法、执法、司法、守法四个方面统筹推进。

七、我国宪法的形成和发展

我们党领导人民制定的宪法，既不同于西方宪法，也不同于近代以来我国曾经出现的旧宪法，而是在取得新民主主义革命胜利、实现民族独立和人民解放、扫除一切旧势力的基础上制定的全新宪法。《中华人民共和国宪法》为了建设社会主义新中国应运而生，为了坚持和发展中国特色社会主义而与时俱进，在世界宪法制度史上具有开创性意义。

（一）我国宪法的形成

中国共产党登上中国历史舞台后，在推进中国革命、建设、改革的实践中，高度重视宪法和法制建设。从建立革命根据地开始，我们党就进行了制定和实施人民宪法的探索。1931 年，中华苏维埃第一次全国代表大会通过《中华苏维埃共和国宪法大纲》。1946 年，陕甘宁边区第三届参议会第一次大会颁布了《陕甘宁边区宪法原则》。我国现行宪法可以追溯到 1949 颁布的具有临时宪法作用的《中国人民政治协商会议共同纲领》和 1954 年一届全国人大一次会议通过的《中华人民共和国宪法》。

1975 年制定的宪法，受到“四人帮”干扰破坏，比 1954 年宪法大大倒退了。

1978 年制定的宪法，因受历史条件限制，还来不及对“文化大革命”的惨痛教训进行全面总结、对“左”的错误进行彻底清理，虽然恢复了 1954 年宪法的部分条文，但仍然以 1975 年宪法为基础。

1979 年 7 月和 1980 年 9 月又两次进行宪法部分条文的修改，仍不能满足形势发展的需要。

党的十一届三中全会开启了改革开放和社会主义现代化建设历史新时期，发展社会主义民主、健全社会主义法制成为党和国家坚定不移的方针。我国现行宪法即 1982 年宪法就是在这个历史背景下产生的。

（二）我国现行宪法的修改

1988 年、1993 年、1999 年、2004 年、2018 年，全国人大分别对我国宪法个别条款和部分内容作出必要的也是十分重要的修正，使我国宪法在保持稳定性和权威性的基础上紧跟时代前进步伐，不断与时俱进。

2018年，十三届全国人大一次会议通过宪法修正案，反映了党的十九大确定的重大理论观点和重大方针政策，以及党和国家事业发展的新成就新经验新要求。

八、我国宪法的地位和基本原则

（一）我国宪法的地位

宪法在全面依法治国中具有突出地位和重要作用。

我国宪法实现了党的主张和人民意志的高度统一，具有显著优势、坚实基础、强大生命力。宪法至上地位主要体现在其特有的作用、效力和内容等方面。

我国宪法是国家的根本法，是党和人民意志的集中体现；我国宪法是国家各项制度和法律法规的总依据；我国宪法规定了国家的根本制度。

（二）我国宪法的基本原则

党的领导原则；人民当家作主原则；尊重和保障人权原则；社会主义法治原则；民主集中制原则。

九、加强宪法实施与监督

（一）加强宪法实施

坚持依宪执政；坚持依法立法；坚持严格执法。

（二）完善宪法监督

健全人大工作机制；健全宪法解释机制；健全备案审查机制；健全合宪性审查机制。

十、培养社会主义法治思维

（一）法治思维及其内涵

法治思维是指以法治价值和法治精神为导向，运用法律原则、法律规则、法律方法思考和处理问题的思维模式。法治思维将法律作为判断是非和处理事务的准绳，要求崇尚法治、尊重法律，善于运用法律手段协调关系和解决问题。

法治思维包含以下几层含义：第一，法治思维以法治价值和法治精神为指导，蕴含着公正、平等、民主、人权等法治理念，是一种正当性思维。第二，法治思维以法律原则和法律规则为依据指导人们的社会行为，是一种规范性思维。第三，法治思维以法律手段与法律方法为依托分析问题、处理问题、解决纠纷，是一种逻辑思维。第四，法治思维是一种符合规律、尊重事实的科学思维。因此，法治思维是一种融法律的价值属性和工具理性于一体的特殊的高级法律意识。

（二）法治思维的基本内容

法治思维的内涵丰富、外延宽广，主要表现为价值取向和规则意识两个方面。价值取向是指如何看待和对待法律，规则意识是指如何用法律看待和对待自身。一般来讲，法治思维主要包括法律至上、权力制约、公平正义、权利保障、程序正当等内容。

十一、依法行使权利与履行义务

（一）法律权利与法律义务

权利和义务问题是人们经常遇到的现实问题，权利和义务关系也是社会关系的法律表现。权利和义务的内容、种类是不同的，其中被法律规定或认可的，称为法律权利和法律义务。享有法律权利的主体称为权利人，承担法律义务的主体称为义务人。我国公民享有广泛的权利，同时承担相应的义务；公民的权利和义务是平等的，任何人不得享有法外特权；公民的权利和义务是统一的，不允许任何人只享受法律权利，不履行法律义务；任何公民都是享有权利和履行义务的统一体，并把自己依法履行义务作为他人依法享受权利的实现条件。

1. 法律权利

法律权利是指由一定的社会物质生活条件所制约的行为自由，是法律所允许的权利人为了满足自己的利益而采取的、由其他人的法律义务所保障的法律手段。

法律权利具有以下四个方面的特征。一是法律权利的内容、种类和实现程度受社会物质生活条件的制约。二是法律权利的内容、分配和实现方式因社会制度和国家法律的不同而存在差异。三是法律权利不仅由法律规定或认可，而且受法律维护或保障，具有不可侵犯性。由国家强制力保障其实现，这是法律权利区别于其他权利的根本所在。四是法律权利必须依法行使，不能不择手段地行使法律权利。国家机关行使权力不得任性，公民个人行使法律权利也不得任性。

2. 法律义务

义务与权利相对应，法律义务与法律权利相对应。

法律义务具有以下四个特点。第一，法律义务是历史的。第二，法律义务源于现实需要。第三，法律义务必须依法设定。第四，法律义务可能发生变化。公民和社会组织承担的法律义务，在履行的过程中可能会基于法定情形而变更、消灭，或产生新的法律义务。

3. 法律权利与法律义务的关系

法律权利与法律义务就像一枚硬币的两面，不可分割，相互依存。

（二）我国宪法法律规定的权利

政治权利，是公民参与国家政治活动的权利和自由的统称。

人身权利，是指公民的人身不受非法侵犯的权利。

财产权利，是指公民、法人或其他组织通过劳动或其他合法方式取得财产和占有、使用、收益、处分财产的权利。

社会经济权利，是指公民要求国家根据社会经济的发展状况，积极采取措施干预社会经济生活，加强社会建设，提供社会服务，以促进公民的自由和幸福，保障公民过上健康而有尊严的生活的权利。社会经济权利主要包括以下几方面内容：一是劳动权，是指一切有劳动能力的公民有获得劳动的机会和适当的劳动条件和报酬的权利。二是休息权，是指劳动者在付出一定的劳动以后所享有的休息和休养的权利，是劳动权存在和发展的基础。

宗教信仰自由，是指公民依据内心的信念，自愿地信仰宗教的自由。

文化教育权利，是公民按照宪法的规定在文化和教育领域享有的权利，主要包括教育方面的权利和文化活动方面的权利。

（三）依法行使法律权利

依法行使法律权利要求公民行使权利时应严格依据法律进行，以法律的相关规定为界限，超出这个界限就可能侵犯到他人的权利或者损害到国家、社会的利益。

依法行使法律权利包括：权利行使目的的正当性；权利行使的必要限度；权利行使方式的法定性；权利行使的正当程序。

（四）依法履行法律义务

法律权利的行使必须伴随着法律义务的履行，但法律义务更需要由法律加以规定。义务法定，一方面是说义务的设定必须有法律依据，另一方面是说法定的义务应当履行，否则会承担不利的法律后果。

依法履行法律义务包括：维护国家统一和民族团结的义务；遵守宪法和法律的义务；维护祖国安全、荣誉和利益的义务；依法服兵役的义务；依法纳税的义务。

十二、不断提升法治素养

（一）尊重法律权威

法律通过调整社会关系，规范人的行为，保障社会成员的利益，实现稳定合理的社会秩序。法律的权威源自人民的内心拥护和真诚信仰。人民权益要靠法律保障，法律权威要靠人民维护。

（二）学习法律知识

学习和掌握基本的法律知识，是提升法治素养的前提。

（三）养成守法习惯

守法，就是任何组织或者个人都必须在宪法和法律范围内活动，任何公民、社会组织和国家机关都要以宪法和法律为行为准则，依照宪法和法律行使权利或权力、履行义务或职责。养成守法习惯，不仅要有基本的法律知识，更要有遵守规则的意识，坚持从具体事情做起。

（四）提高用法能力

学法是为了更好地用法，把对法治的尊崇、对法律的敬畏转化成思维方式和行为方式，做到在法治之下，而不是法治之外，更不是法治之上想问题、作决策、办事情。通过运用法律，提高解决问题的能力，使法律内化于心、外化于行。

第二部分　案例思考

为民族复兴提供更加完备的民事法治保障

十三届全国人大三次会议审议通过民法典，这是推进我国国家治理体系和治理能力现代化进程中的一件大事。民法典规范各类民事主体的各种人身关系和财产关系，涉及社会和经济生活的方方面面，被称为“社会生活的百科全书”。编纂一部真正属于中国人民的民法典，是几代人的梦想。经过长期不懈努力，一部具有中国特色、体现时代特点、反映人民意愿的民法典终于形成，为新时代坚持和完善中国特色社会主义制度、实现“两个一百年”奋斗目标、实现中华民族伟大复兴的中国梦提供更加完备的民事法治保障。

法治中国建设的一座里程碑

民法典在中国特色社会主义法律体系中具有重要地位，是一部固根本、稳预期、利长远的基础性法律。民法典全面规范民事关系，涉及经济社会生活方方面面。实现对民事法律关系调整的制度化、规范化、程序化，是坚持和完善中国特色社会主义法律体系的重要步骤，也是推进国家治理体系和治理能力现代化的重要内容。

党的十八届四中全会《决定》提出编纂民法典的任务。在以习近平同志为核心的党中央坚强领导下，民法典编纂扎实稳步推进。编纂民法典采取“两步走”的工作思路：第一步，制定民法总则，作为民法典的总则编；第二步，编纂民法典各分编，经全国人大常委会审议和修改完善后，再与民法总则合并为一部完整的民法典。民法典编纂既立足我国国情，尊重立法的历史延续性，又适应当前经济社会发展的客观要求，还借鉴了人类法治文明建设有益成果。在编纂过程中，各编历次草案都依法进行论证、向社会公开征求意见，充分吸收方方面面的意见和建议，经历反复斟酌和修改，是科学立法、民主立法、依法立法的生动实践。

民法典是新中国成立以来第一部以“法典”命名的法律，是新时代我国社会主义法治建设的重大成果。民法典是民事立法的系统集成，使分散的民事法律制度规范体系化，形成一部体例科学、结构严谨、规范合理、内容完整并协调一致的法典。编纂民法典不是制定全新的民事法律，也不是简单的法律汇编，而是对现行的民事法律规范进行编订纂修，对已经不适应现实需要的规定进行修改完善，对经济社会生活中出现的新情况、新问题作出有针对性的新规定。编纂工作注重规则的逻辑性、体系性和法律本身的规律性，既协调好总则与分则的关系，又协调好民法典与其他法律的关系，从而形成逻辑缜密的有机整体。民法典在实践中发挥指引和规范各种民事行为的作用，为司法机关提供全面、权威、系统的裁判依据，对于公民积极行使和有效保障自身合法权利意义重大，为推进全面依法治国提供有力民事制度支撑。

满足人民对美好生活向往的必然要求

党的十九大报告明确指出：“中国特色社会主义进入新时代，我国社会主要矛盾已经转化为人民日益增长的美好生活需要和不平衡不充分发展之间的矛盾。”民法典坚持以人民为中心的发展思想，充分反映人民的利益诉求，注重保障民生，回应人民关切，维护最广大人民根本利益，为人民追求美好生活提供重要法治保障。

新时代，人民美好生活需要日益广泛，不仅对物质文化生活提出了更高要求，而且在民主、法治、公平、正义、安全、环境等方面的要求日益增长。一个突出表现就是，人们对人格独立、人身自由、人格尊严的关注程度日益提高。为适应保护人格权的需要，民法典设立人格权编，对民事主体的生命权、身体权、健康权、姓名权、名称权、肖像权、名誉权、荣誉权、隐私权等权利，以及基于人身自由、人格尊严产生的其他人格权益进行确认和保障。民法典将人格权单独成编，具有重大意义，体现了我国对公民人格权的庄严确认与严格保护，也为世界各国有效应对人格权保护问题提供了中国智慧和中国方案。

农业农村农民问题是关系国计民生的根本问题。实现农业农村优先发展，加快推进农业农村现代化，需要巩固和完善农村基本经营制度，深化农村土地制度改革，完善承包地

“三权分置”制度。民法典物权编落实农村承包地“三权分置”改革的要求，明确规定土地承包经营权人依照法律规定，有权将土地承包经营权互换、转让，并对土地经营权的内容作了较为详细的规定，同时删除耕地使用权不得抵押的规定，以适应“三权分置”后土地经营权入市的需要。

住有所居一直是人民对美好生活向往的重要内容。为推动住有所居取得新进展，民法典设立居住权一章，明确居住权是按照合同约定，对他人的住宅享有占有、使用的用益物权。党的十九大报告指出：“加快建立多主体供给、多渠道保障、租购并举的住房制度，让全体人民住有所居。”基于我国国情和社会现状，实现住有所居并不意味着人人都拥有住房所有权，而是能有房屋用于居住并且能长期稳定利用。居住权制度能够推动完善我国的住房保障体系，提升房屋利用效率，体现物尽其用理念。

良好生态环境是重要民生福祉。人民期盼更多的蓝天白云、绿水青山，渴望更清新的空气、更清洁的水源。顺应人民在生态方面日益增长的需要，民法典在总则编规定了绿色原则，确认民事主体从事民事活动，应当有利于节约资源、保护生态环境。合同编确认，当事人在履行合同过程中，应当避免浪费资源、污染环境和破坏生态。物权编确认，用益物权人行使权利，应当遵守法律有关保护和合理开发利用资源、保护生态环境的规定；设立建设用地使用权，应当符合节约资源、保护生态环境的要求。侵权责任编则进一步完善了环境污染和生态破坏责任的相关规定。这些规定都充分体现了绿色发展理念。

体现中国特色，回答时代之问

法律作为国家制度的重要组成部分，产生于这个国家的社会文化土壤之中。民法典凝聚亿万人民的共同意志，彰显中华文明的深厚底蕴，以法典化方式巩固、确认和发展民事法治建设成果，有效回应了当前我国现实问题，体现时代特点，反映时代风貌。

完善社会主义市场经济体制，是促进社会主义市场经济健康发展的内在要求。当前，经济体制改革的重点是完善产权制度和要素市场化配置，实现产权有效激励、要素自由流动、价格反应灵活、竞争公平有序、企业优胜劣汰，让各类市场主体活力充分迸发出来。回应这一需要，民法典规定国家、集体、私人的物权和其他权利人的物权受法律平等保护，任何组织或者个人不得侵犯，进一步明确一视同仁保护的立法态度。明确规定私人的合法财产受法律保护，禁止任何组织或者个人侵占、哄抢、破坏。这些规定有助于推动形成崇尚创新、鼓励创造、保护产权的社会环境。此外，民法典确立自愿原则和诚实信用原则，这有利于在全社会培植守信践诺的契约精神，营造稳定、公平、有序的营商环境。

伴随改革开放和社会主义市场经济发展，我国社会结构、社会关系、社会利益等都发生较大变化，社会治理面临许多复杂问题和挑战。民法典具有为现代社会安全和发展保驾护航的重要作用。比如，一个时期以来，城镇商品房小区内业主和物业服务企业的矛盾较多，群众反映业主大会成立难、公共维修资金使用难。针对此类问题，民法典强化保障、推动业主自治的法律规则，规定改变共有部分的用途或者利用共有部分从事经营活动应当由业主共同决定，适当降低业主作出决议的门槛；完善公共维修资金使用的表决程序，降低了通过这一事项的表决要求。再如，随着城市住宅向高层发展，高空抛物致人损害的事件时有发生，对公共安全造成危害。对此，民法典完善高空抛物坠物治理规则，明确禁止从建筑物中抛掷物品；对于未履行安全保障义务的物业服务企业等建筑物管理人，要求其依法承担相应的侵权责任。

当前，全球新一轮科技革命和产业变革孕育兴起，特别是信息技术、生物技术、制造技术、新材料技术、新能源技术等广泛渗透到各个领域，人类已经从工业社会步入信息社会，并将迈向智能社会。科技在造福人类的同时，也带来一系列问题，需要法律加以规范。民法典积极回应这一需求，总则编确认：法律对数据、网络虚拟财产的保护有规定的，依照其规定。明确肯定数据和网络虚拟财产的民事客体地位和财产属性；合同编对当事人通过互联网等信息网络订立电子合同以及这些合同的履行设置了专门的法律规则；人格权编回应了大数据背景下个人信息保护问题；侵权责任编对网络侵权作出了更为周全的规定。

文化对法律制度有着深刻影响。社会主义核心价值观是当代中国精神的集中体现。民法典注重传承中华文化精神，把社会主义核心价值观融入具体条文中。比如，总则编将弘扬社会主义核心价值观作为一项重要立法目的，体现坚持依法治国与以德治国相结合的鲜明中国特色。婚姻家庭编规定，家庭应当树立优良家风，弘扬家庭美德，重视家庭文明建设，“离婚冷静期”等具体制度设计凸显维护家庭和睦、社会稳定的价值取向。

（参见王轶：《为民族复兴提供更加完备的民事法治保障》，《人民日报》2020 年 6 月 19 日）

【案例解析】

民法典是中华人民共和国成立以来第一部以“法典”命名的法律，是新时代我国社会主义法治建设的重大成果。民法典立足解决新时代我国社会主要矛盾，坚持以人民为中心，充分反映人民的利益诉求，为人民追求美好生活提供重要法治保障。民法典凝聚亿万人民的共同意志，彰显中华文明的深厚底蕴，以法典化方式巩固、确认和发展民事法治建设成果，有效回应我国现实问题。

【案例讨论】

1. 结合案例，谈谈我国民法典的发展历程。

2. 为什么说民法典是“社会生活的百科全书”？

第三部分　实践拓展

实践活动 1：大学生法治观念调查

【实践目标】

通过对在校大学生的法治观念展开问卷调查，了解大学生法律意识的基本情况，分析当前高校法律教育中存在的问题与不足，提出比较实际的改进建议。

【实践方案】

1. 活动时间：课余时间。

2. 活动地点：校园内学生聚集场所，如大学生活动中心或食堂门口等。

3. 活动方式：问卷调查。

4. 活动流程：

（1）分好调查小组，每组 5~8 人。每组选出一名组长。

（2）各小组准备、印制“大学生法治观念调查问卷”。

（3）各小组选定校园内学生聚集场所，对来往的学生进行问卷的发放与回收。邀请学生配合填写调查问卷，如果不配合不要强求。

（4）以小组为单位对问卷进行整理、统计，形成报告。由小组长汇总各小组结果，最终形成班级总结果，在班级公布调查结果。

（5）讨论和分析调查结果。

【实践评价】

1. 活动结果：

____

____

2. 评价方式：

计分表

评分项目	分值	得分	总分
问卷质量	30		
调研过程表现	10		
调研报告撰写质量	30		
课堂讨论表现	30		

实践活动 2：“社会稳定主要靠德治还是法治”辩论赛

【实践目标】

通过论辩比赛，同学们正确理解“法治”和“德治”在维护社会稳定方面所起到的不同作用。

【实践方案】

1. 活动时间：1~2 学时。

2. 活动地点：教室。

3. 活动方式：辩论赛。

4. 活动流程：

（1）宣布辩题：“社会稳定主要靠德治还是法治”。

（2）介绍主要参赛代表队及各队所持的立场。正方的观点为“社会稳定主要靠德治”；反方的观点为“社会稳定主要靠法治”。

（3）宣布辩论赛开始，进行辩论。

（4）评委退席评议，宣布比赛结果。

【实践评价】

根据辩论赛上的表现，评定同学们的实践分数。

计分表

评分项目	分值	得分	总分
语言表达情况	30		
材料准备情况	30		
团队合作情况	20		
临场发挥情况	20		

第四部分　习题训练

一、单项选择题

1. 我国宪法和刑法等法律都明确规定了（　　）这一原则，不允许一些人只享受权利不承担义务或者多享受权利少承担义务。

A. 依法治国　　B. 人人都要守法

C. 依法执政　　D. 法律面前人人平等

2. 依照我国现行宪法的规定，（　　）享有选举权和被选举权。

A. 全体公民　　B. 全体人民

C. 18 周岁以上的公民　　D. 18 周岁以上有政治权利的公民

3.（　　）是中国特色社会主义法治体系的根本制度基础，是全面依法治国的根本制度保障。

A. 中国特色社会主义制度　　B. 人民代表大会制

C. “一国两制”　　D. 民主集中制

4.（　　）是中国特色社会主义法治体系的理论指导，是全面依法治国的行动指南。

A. 中国特色社会主义法治体系　　B. 中国特色社会主义法治理论

C. 中国特色社会主义法律体系　　D. 中国特色社会主义理论体系

5.（　　）是党的领导和依法治国的本质要求。

A. 党的领导　　B. 执政为民

C. 依宪治国　　D. 人民当家作主

6.（　　）是社会主义法治观念和法治思维的核心要求，是建设社会主义法治国家的前提条件。

A. 遵守法律规定　　B. 培养法律意识

C. 养成法律思维　　D. 尊重法律权威

7. 规定国家制度和社会制度的基本原则，集中表现各种政治力量对比关系，保障公民基本权利和义务的国家根本法是（　　）。

A. 宪法　　B. 民法

C. 刑法　　D. 行政法

8. 宪法是国家的根本大法。下列哪个不是我国现行宪法的基本原则（　　）。

A. 三权分立原则　　B. 民主集中制原则

C. 社会主义法治原则　　　　D. 保障公民权利和义务的原则

9. 关于守法，下列哪一项表述是正确的？（　　）

A. 在法律运行过程中，守法是法律实施和实现的基本途径

B. 守法仅要求一切组织和个人依法履行法律义务

C. 在社会主义国家，只有社会组织和公民个人才是守法的主体，国家机关不是守法的主体

D. 只有被统治阶级才是守法的主体，统治阶级不是守法的主体

10. 由一国各法律部门构成的具有内在联系的法的整体，叫作（　　）。

A. 法律体系　　　　B. 法学体系

C. 法学课程体系　　　　D. 法学专业体系

二、多项选择题

1. 公平正义是法治思维的基本内容之一，公平正义主要包括（　　）。

A. 权利公平　　　　B. 机会公平

C. 规则公平　　　　D. 救济公平

2. 宪法在国家法律中具有最高的（　　）。

A. 法律地位　　　　B. 法律效力

C. 法律权威　　　　D. 法律作用

3. 守法是指所有（　　）都必须遵守法律，依法享有和行使法定职权与权利，承担和履行法定职责与义务。

A. 国家机关　　　　B. 社会组织

C. 公民个人　　　　D. 武装力量

4. 1763 年，老威廉·皮特在《论英国人个人居家安全的权利》的演讲中说："即使最穷的人，在他的小屋里也能够对抗国王的权威。屋子可能很破旧，屋顶可能摇摇欲坠；风可以吹进这所房子，雨可以淋进这所房子，但是国王不能踏进这所房子，他的千军万马也不敢跨过这间房子的门槛。"这段话后来被浓缩成"风能进，雨能进，国王不能进"。这凸显了权力与权利的关系是（　　）。

A. 权力决定权利　　　　B. 权力优先于权利

C. 权力应当以权利为界限　　　　D. 权力必须受到权利的制约

5. 下面属于中国特色社会主义法律体系特征的有（　　）。

A. 体现了中国特色社会主义的本质要求

B. 体现了改革开放和社会主义现代化建设的时代要求

C. 体现了结构内在统一而又多层次的国情要求

D. 体现了动态、开放、与时俱进的发展要求

6. 法律规定公民有表达权，但权利依然要依法行使，尤其是“自媒体”时代，人人都有“麦克风”，处处都是“直播间”。这支“麦克风”并不是可以随心所欲使用的，应以法律的相关规定为界限。对公民行使法律权利界限的正确理解是（　　）。

A. 权利行使不能超过法定的限度

B. 权利行使的方式具有唯一性

C. 权利行使要有目的的正当性

D. 权利行使要遵循程序正当的原则

7. 中国特色社会主义法律坚持将法治与德治相结合，法治与德治是治国理政不可或缺的两种方式。这是因为两者（　　）。

A. 发挥作用方式不同　　B. 调整范围不同

C. 所处地位不同　　D. 实现途径不同

三、判断题

1. 法治是现代文明的制度基石。（　　）

2. 社会主义法律的目的就是要坚持中国共产党的领导，巩固和发展社会主义制度，保障人民当家作主，尊重和保障人权，始终将最广大人民的根本利益作为根本出发点和落脚点。（　　）

3. 公民权利和义务的平等性一方面表现为公民在法律面前一律平等，另一方面表现为公民平等地享有宪法和法律赋予的权利和自由，也平等地承担和履行宪法和法律规定的义务。（　　）

4. 5 个中学生强行以 5 元人民币的价格买下某同学的一辆新自行车，此行为有效。（　　）

5. 依法治国仅指依宪治国，因为国家的法律法规都不能和宪法相抵触。（　　）

四、简答题

1. 联系实际谈谈为什么说我国社会主义法律是党的主张和人民意志的共同体现。

2. 谈谈习近平法治思想的核心要义。

3. 结合实际谈谈大学生如何提升法治素养。

第五部分 材料分析

结合材料回答问题：

材料1：行政执法工作面广量大，关系群众对党和政府的信任、对法治社会的信心。明晰执法权责边界、坚持前移监督关口、强化执法问题智能监测……湖北省武汉市公安局就全面推进严格规范公正文明执法，进一步健全常态化责任追究机制作出部署。

党的二十大报告明确提出，强化行政执法监督机制和能力建设，严格落实行政执法责任制和责任追究制度。湖北省武汉市公安局法制支队副支队长张克军说，要进一步明确各级公安行政执法的职能、权限、程序、责任，细化行政办案以及行政管理各环节、各岗位执法责任，推进行政执法服务承诺制度化规范化。

材料2：参观党风廉政教育大型主题展、参加党的二十大报告集中学习、结合分管工作进行交流发言……近日，山西省高级人民法院刑事审判第三庭庭长王洪明的学习日程安排得满满当当。

全面建设法治社会，领导干部是“关键少数”。党的二十大报告提出，发挥领导干部示范带头作用，努力使尊法学法守法用法在全社会蔚然成风。

“这对我们党员干部提出了明确要求。”王洪明认为，“身为法院领导干部和一名从事刑事审判的法官，要提高运用法治思维和法治方式的能力，积极履职担当，做尊法学法守法用法的模范，做严格公正司法的表率。”

（参见《坚持全面依法治国，推进法治中国建设：各地贯彻落实党的二十大精神推动全面依法治国观察》，新华网，2022年12月1日）

1. 如何实现“扎实推进依法行政”？

2. 为什么说“全面建设法治社会，领导干部是‘关键少数’”？

专题七
以中国式现代化全面推进中华民族伟大复兴

第一部分　理论点睛

一、实现中华民族伟大复兴的中国梦

实现中华民族伟大复兴的中国梦，本质是国家富强、民族振兴、人民幸福。国家富强，就是要在全面建成小康社会基础上，全面建成富强民主文明和谐美丽的社会主义现代化强国；民族振兴，就是要使中华民族更加坚强有力地自立于世界民族之林，为人类作出新的更大的贡献；人民幸福，就是要坚持以人民为中心，增进人民福祉，促进人的全面发展，朝着共同富裕方向稳步前进。

二、全面建成小康社会的里程碑意义

全面建成小康社会是我国社会主义现代化进程中的一座重要里程碑。

全面建成小康社会，成效卓著、成果丰硕、成色十足。我国经济实力、科技实力、综合国力和人民生活水平跃上新的大台阶。

全面建成小康社会，高质量完成了社会主义现代化建设“三步走”战略的第二步，使中华民族伟大复兴向前迈出新的一大步。

全面建成小康社会，探索了人类解决贫困问题的新路径，为推动人类文明进步作出了重大贡献。

三、中国式现代化的中国特色

党的二十大集中概括了中国式现代化五个方面的中国特色，深刻揭示了中国式现代化

的科学内涵，这是理论概括，也是实践要求。

中国式现代化是人口规模巨大的现代化。中国式现代化是全体人民共同富裕的现代化。中国式现代化是物质文明和精神文明相协调的现代化。中国式现代化是人与自然和谐共生的现代化。中国式现代化是走和平发展道路的现代化。

四、中国式现代化的本质要求

中国式现代化的本质要求是：坚持中国共产党领导，坚持中国特色社会主义，实现高质量发展，发展全过程人民民主，丰富人民精神世界，实现全体人民共同富裕，促进人与自然和谐共生，推动构建人类命运共同体，创造人类文明新形态。

这一本质要求符合人类现代化的一般规律，阐明了中国式现代化的内在规定性，明确了中国式现代化的领导力量、发展道路和根本方向、总体布局和战略要求，以及对人类文明和世界发展的重大意义，是推进中国式现代化的重要遵循。

五、推进中国式现代化需要牢牢把握的重大原则

以中国式现代化全面推进中华民族伟大复兴是一次新的长征，前途光明，任重道远。前进道路上，必须牢牢把握以下重大原则：坚持和加强党的全面领导；坚持中国特色社会主义道路；坚持以人民为中心的发展思想；坚持深化改革开放；坚持发扬斗争精神。

六、推进中国式现代化需要正确处理的重大关系

推进中国式现代化，需要统筹兼顾、系统谋划、整体推进，正确处理顶层设计与实践探索、战略与策略、守正与创新、效率与公平、活力与秩序、自立自强与对外开放等一系列重大关系。

正确处理顶层设计与实践探索的关系。中国式现代化是分阶段、分领域推进的，实现各个阶段发展目标、落实各个领域发展战略离不开顶层设计。要深刻洞察世界发展大势，准确把握人民群众共同愿望，深入探索经济社会发展规律，制定好规划和政策体系，做到远近结合、上下贯通、内容协调。同时，还要在实践中大胆探索，深入推进改革创新，寻求有效解决新矛盾新问题的思路和方法。

正确处理战略与策略的关系。战略是从全局、长远、大势上作出判断和决策，策略是在战略指导下为战略服务的，战略和策略是辩证统一的。推进中国式现代化，要增强战略的前瞻性，准确把握事物发展的必然趋势，敏锐洞悉前进道路上可能出现的机遇和挑战；增强战略的全局性，着眼于解决事关党和国家事业兴衰成败、牵一发而动全身的重大问题，

谋划战略目标、制定战略举措、作出战略部署；增强战略的稳定性，战略一经形成就要长期坚持、一抓到底、善作善成。实施战略的环境条件随时都在发生变化，每时每刻都会遇到新情况新问题，要把战略的原则性和策略的灵活性有机结合起来，灵活机动、随机应变、临机决断，在因地制宜、因势而动、顺势而为中把握战略主动。

正确处理守正与创新的关系。中国式现代化的探索是一个在继承中发展、在守正中创新的历史过程，守正才能不迷失方向、不犯颠覆性错误，创新才能把握时代、引领时代。要守好中国式现代化的本和源、根和魂，毫不动摇坚持中国式现代化的中国特色、本质要求、重大原则，坚持党的基本理论、基本路线、基本方略，确保中国式现代化的正确方向。要把创新摆在国家发展全局的突出位置，顺应时代发展要求，不断开辟发展新领域新赛道，不断塑造发展新动能新优势。

正确处理效率与公平的关系。中国式现代化既要创造比资本主义更高的效率，又要更有效地维护社会公平，更好实现效率与公平相兼顾、相促进、相统一。要坚持和完善社会主义基本经济制度，构建全国统一大市场，加快建立社会公平保障体系，深入推进司法体制改革，健全基本公共服务体系，推动全体人民共同富裕取得更为明显的实质性进展。

正确处理活力与秩序的关系。一个现代化的社会，应该既充满活力又拥有良好秩序，呈现出活力和秩序有机统一。中国式现代化应当而且能够实现活而不乱、活跃有序的动态平衡。要激发全社会的创新潜能，充分调动各方面干事创业的积极性；健全国家安全体系，完善社会治理体系，正确处理新形势下人民内部矛盾，确保人民安居乐业。

正确处理自立自强与对外开放的关系。独立自主是中华民族精神之魂，是我们立党立国的重要原则。对外开放是中国的基本国策，任何时候都不能动摇。推进中国式现代化，必须坚持独立自主、自立自强，把国家和民族发展放在自己力量的基点上，把中国发展进步的命运牢牢掌握在自己手中；同时坚定扩大对外开放，以开放促改革、促发展，用好国内国际两种资源，拓展中国式现代化的发展空间，在互利共赢中更好地开创未来。

第二部分　案例思考

聆听历史脚步声——欧洲档案见证中华民族踏上复兴之路

历史，以泛黄的故纸呈现于世，每个字都异常厚重。一张张照片，讲述着一个经历苦难的民族，对复兴的深切渴望；一件件实物，记录着一个国家历经磨难而奋发图强的辉煌……

新中国成立70周年之际，新华社记者走进欧洲的档案馆、伟人故居和百年企业，翻阅尘封文献，采访研究学者和历史见证人，聆听历史的脚步声，见证中华民族踏上波澜壮阔的复兴之路。

彷徨

德国埃森市郊。昔日军工业巨头克虏伯家族拥有的许格尔庄园鸟鸣声声，芳草萋萋。雕梁画栋的“中国厅”建成以来首次向中国记者打开朱红色大门，也揭开了一段尘封许久的往事。

鸦片战争炮火，击碎了清朝皇帝“天朝上国”的迷梦。吃尽洋枪洋炮苦头的清政府希望通过购买西方列强军事装备改变被动挨打局面。

克虏伯家族较完整地保存了百年来向旧中国出售的武器装备记录。

一个灰色封皮档案夹静静地躺在长条书桌上，上面德文清晰可见：1847年—1912年制造火炮清单。

“洋务运动时期，中国是克虏伯在欧洲之外的最大客户。清朝可以买到当时欧洲最先进的火炮等军事装备。”克虏伯基金会历史档案学者丹尼尔·德罗斯特说，“这批档案中有8页纸是克虏伯向清政府出口的岸防炮、野战炮记录。”

指着“舰船”供货“15厘米35倍径的火炮”一栏，德罗斯特介绍说：“这是供清朝北洋水师‘致远’‘经远’‘来远’‘靖远’号的武器装备。”

从大连旅顺炮台、厦门胡里山炮台、威海刘公岛，到北洋水师主力“致远”号等系列战舰，克虏伯大炮既目睹了中华民族备受欺凌的屈辱，也听到过中国军民奋起抗击的壮歌。

英国伦敦东部格林尼治的旧皇家海军学院，至今仍保留着当时中国留学生的档案。鸦片战争后，一批留着辫子的晚清留学生在这里接受了海军知识和技能培训。

甲午海战，装备着从德、英订购的坚船利炮，配备着留学归来的舰长，北洋水师的溃败让中国人睁开双眼，实实在在掂量出“闭关锁国就会落后，落后注定就要挨打”的分量。

德国杜塞尔多夫大学汉学家、历史学家培高德说，清军维修、后勤、补给以及战时指挥远落后于日本，暴露出晚清政治体制的低效，也说明仅仅购买先进武器和装备而不探索国家体制变革，远远不能实现自强。

从列强买来的枪炮，从西方搬来的制度，在中国还是水土不服。洋务运动、戊戌变法、辛亥革命……一次次抗争都未能改变中国人民的悲惨命运，民族复兴的梦想依然遥不可及。

长夜难明赤县天，风雨如磐暗故园。中华民族的复兴之路，曲折蜿蜒。

追寻

与喧闹浪漫的香榭丽舍大街不同，法国巴黎戈德弗鲁瓦大街幽静安详。道边的一个小旅馆虽不起眼，但临街墙壁上镶嵌的一块纪念牌吸引着行人目光。

纪念牌上雕刻着周恩来的头像，还有一行金色的法文：周恩来，1922 年—1924 年留法期间在此居住。

20 世纪初期的中国，军阀混战，民不聊生。一批渴望国家富强、民族复兴的中国人远赴海外，尝试为东方古国寻找真理和光明的航道。

周恩来、邓小平、聂荣臻、李富春等赴法勤工俭学的革命青年都曾在这一小小房间内留下足迹。这些穿着旧西装、工装，啃着硬面包的年轻人，身居斗室，在昏黄的灯光下，阅读《共产党宣言》，在心中刻下坚定信仰：唯有共产主义能够救中国。

蒙塔日市杜吉公园不远处，一栋有着 300 多年历史的老宅静立在雷蒙特列街。这里曾是中国勤工俭学青年寓所，如今成为中国旅法勤工俭学蒙塔日纪念馆。

1920 年，年仅 22 岁的周恩来赴法留学。到达巴黎后，他发起组建了旅欧中国少年共产党（后改为中国社会主义青年团旅欧支部），开展党团活动，并编辑革命刊物《少年》（后改名为《赤光》）。

一张泛黄的照片记录了蔡和森、向警予在蒙塔日市杜吉公园召集留法学生会议的情景。照片中，十几名青年或坐或站，聚集在公园一角。虽然容貌已不清晰，但是他们为救亡图存发出的呐喊之声犹在耳畔。

有人这样回忆当时的岁月："我在法国待了 5 年多，其中在工厂劳动了 4 年，干重体力劳动……当时工资很低。但也有一个好处。这样的生活，使我接受了马克思主义。"

他，就是邓小平。

在荷兰皇家文理学院社会史国际研究所档案馆，记者看到 1848 年比利时向宣传革命的马克思发出的驱逐令。

在中国旅法勤工俭学蒙塔日纪念馆，馆长向记者展示了一份法国内政部于 1926 年签发的驱逐令复印件。被驱逐者名叫邓希贤——正是邓小平曾经使用的名字。

历史，总是在巧合中，蕴含着必然。

马克思虽屡遭普鲁士、法国、比利时当局驱逐，但他的理论如同壮丽的日出照亮了人类寻求自身解放的道路。年轻的邓小平在法国一步步走向马克思主义，用一生践行着共产党的初心和使命——为人民谋幸福，为民族谋复兴。

1921 年 7 月，中国共产党诞生，郑重地把马克思主义写在自己的旗帜上，从此拉开了二十世纪中国社会最伟大革命的序幕。

“中国人民从此站立起来了”——1949 年金秋，毛泽东庄严宣告一个崭新时代的到来。

英国大英图书馆保存着 17 世纪以来的新闻档案资料。新华社记者查阅后发现，1949 年 10 月 1 日之后短短一个月，《泰晤士报》《每日电讯报》等英国主流媒体刊发了一百多篇有关新中国的报道，密切关注中华人民共和国成立后的新气象。

“新中国的成立改变了东亚的政治和战略版图，其影响力可与 1917 年的俄国十月革命相比……”1949 年 10 月 3 日出版的《泰晤士报》刊发题为《新中国》的文章。

沧海横流，曲折壮阔。从命运谷底奋力崛起，中华民族的复兴站上了一个新的历史起点。

辉煌

从被坚船利炮打开国门，到主动敞开大门，从濒临“被开除球籍”，到积极参与全球治理和引领经济全球化大潮，中国共产党带领亿万人民跨越苦难，迎来辉煌，比历史上任何时期都更接近中华民族伟大复兴的目标，比历史上任何时期都更有信心、有能力实现这个目标。

欧洲众多企业以及百姓成为中国打开国门、追赶世界的见证者、参与者。

德国沃尔夫斯堡大众集团历史档案馆保存着一张照片：一群身着中山装的中国人围在大众办公室里的一处厂房沙盘前，认真听讲解、做笔记。

大众集团历史档案馆媒体负责人迪尔特·兰登贝格尔向新华社记者介绍，1978 年的冬天，时任中国第一机械工业部部长周子健带队，怀着向外国先进企业学习的迫切心情，临时决定“去大众公司看看”。没有预约，代表团就风尘仆仆地赶到大众厂门口。

周子健通过翻译向当班的门卫做了自我介绍：“我是中国第一机械工业部部长，想与大众公司的负责人见个面。”门卫对这位徒步前来的中国部长将信将疑，但仍通知了当天唯一在大众公司的高管施密特。

谁也没有想到，这番“误打误撞”般的经历就此为中国汽车工业开启了以合资促发展之路。

按照大众集团统计，2018 年，大众在中国交付汽车突破 421 万辆。兰登贝格尔说，中国已超越美国、德国，成为德国车企最大市场，这在很大程度上归功于中国的改革开放。“今天，我们无法想象，大众如果没有中国市场会是什么样。”

不能掉队的紧迫感，激励中国疾步直追。要大步前进，就要勇于破冰，解放思想。

距沃尔夫斯堡 300 多公里的杜伊斯堡市工商会大门前，竖立着一位老者的半身铜像。

他便是改革开放后中国聘请的第一位国企“洋厂长”威尔纳·格里希。

1984 年，60 多岁的退休工程师格里希经德国退休专家组织推荐，前往中国武汉柴油机厂（武柴）考察，之后他受聘武柴。

格里希的儿子伯恩特·格里希在家中向新华社记者展示了一张老照片——身穿武柴工装、头戴鸭舌帽的格里希，正与职工讨论全厂工资改革方案。

格里希是个严肃的管理者，强调以岗位为中心，提高产品质量，帮这家老国企重新焕发生机。他还撰写了 26 万字的建议，对中国国企改革具有重要参考价值。

从技术、语言、医疗到饭店管理、体育等领域，中国引进的“格里希”们，数量不断增长。

改革开放成为中国大步赶上时代的重要法宝。

70 年，岁月如歌，走过“雄关漫道真如铁”的昨天，跨越“人间正道是沧桑”的今天，向着“长风破浪会有时”的明天，欧洲档案中记录的中国近现代史，历久弥新地证明，只有社会主义才能救中国，只有中国特色社会主义才能发展中国，只有坚持和发展中国特色社会主义才能实现中华民族伟大复兴。

（参见《聆听历史脚步声：欧洲档案见证中华民族踏上复兴之路》，新华网，2019 年 10 月 2 日）

【案例解析】

岁月如歌，走过“雄关漫道真如铁”的昨天，跨越“人间正道是沧桑”的今天，向着“长风破浪会有时”的明天，欧洲档案中记录的中国近现代史，历久弥新地证明，只有社会主义才能救中国，只有中国特色社会主义才能发展中国，只有坚持和发展中国特色社会主义才能实现中华民族伟大复兴。

【案例讨论】

1. 为什么说实现中华民族伟大复兴进入了不可逆转的历史进程？

2. 如何理解中国特色社会主义是实现中华民族伟大复兴的必由之路？

第三部分　实践拓展

实践活动 1：“中国式现代化的发展历程”研讨会

【实践目标】

通过查阅资料，学生深入了解中国式现代化的发展历程。认识中国式现代化要坚持唯物史观、守正创新，避免陷入西方中心主义的陷阱，从中国与世界的关系、历史中国与当代中国的关系审视中国式现代化的发展脉络、历史贡献、发展特点。

【实践方案】

1. 活动时间：课堂讨论为 2 学时，收集资料可利用业余时间。

2. 活动地点：教室及图书馆。

3. 活动方式：研讨会。

4. 活动流程：

（1）3~5 人为一组，设 1 名组长。

（2）小组成员分头到图书馆查找关于“中国式现代化发展历程”的资料。

（3）根据收集的资料整理成发言稿。注重从大历史的角度来看中国式现代化的发生逻辑和历史意义；从大目标来看中国式现代化创造了民族复兴的坚实基础和光明前景；从大视野来看中国式现代化如何实现了对西方现代化的历史性超越。

（4）小组成员制作 PPT 在课堂上汇报发言。

（5）教师点评。

【实践评价】

教师根据各组的表现分别为各小组打分，小组得分即学生个人得分。

计分表

评分项目	分值	得分	总分
资料收集情况	50		
小组配合情况	30		
课堂汇报情况	20		

实践活动 2：青年大学生文明健康生活方式调研

【实践目标】

调查爱国卫生运动为改变环境卫生面貌、有效应对重大传染病疫情、提升社会健康治理水平作用的发挥。了解大学生维护卫生健康环境、保护公共卫生设施的情况，了解大学生健康知识普及情况，正确规范洗手、科学佩戴口罩、注重咳嗽礼仪等好习惯的养成情况。明确预防是最经济最有效的健康策略，每个人都是自身健康的第一责任人，健康的“钥匙”就握在自己手里。

【实践方案】

1. 活动时间：2 学时。

2. 活动地点：宿舍、校园、周边高校。

3. 活动方式：完成调研报告、调研成果展示。

4. 活动流程：

（1）学生以小组为单位，通过问卷设计、访谈等方式调研所在学校和周边高校大学生文明健康生活方式情况。

（2）整理数据，进行制图分析，形成数据分析报告。

（3）任课教师组织全班学生根据数据分析报告进行讨论，并根据数据变化分析如何进一步增强大学生的健康理念、提升文明素养。

【实践评价】

计分表

评分项目	分值	得分	总分
分析报告	50		
数据案例	20		
实践表现	10		
理论分析	20		

第四部分　习题训练

一、单项选择题

1. 孙中山的（　　）被称为近代中国谋求现代化的第一份蓝图。

A.《孙文学说》　　B.《实业计划》

C.《建国方略》　　D.《民权初步》

2.（　　）是我国社会主义现代化进程中的一座重要里程碑。

A. 中国特色社会主义进入新时代　　B. 党的十九大胜利召开

C. 中国共产党成立 100 周年　　D. 全面建成小康社会

3. 全面建成小康社会，高质量完成了社会主义现代化建设“三步走”战略中的第（　　）步。

A. 二　　B. 一

C. 三　　D. 一、二

4. 一百年来，中国共产党团结带领中国人民进行的一切奋斗、一切牺牲、一切创造，归结起来就是一个主题：（　　）。

A. 国家富强　　B. 实现中华民族伟大复兴

C. 民族团结　　D. 人民幸福

5. 全面建设社会主义现代化强国总的战略安排是分两步走，其中第一步是（　　）。

A. 建立一个独立的完整的工业体系和国民经济体系

B. 把我国建设成社会主义现代化强国

C. 到 2035 年，基本实现社会主义现代化

D. 建成更高水平的小康社会

6. 全面建设社会主义现代化的战略安排，把基本实现现代化的时间提前了（　　）年。

A. 10　　B. 15

C. 20　　D. 25

7. 中国式现代化坚持以（　　）为中心。

A. 资本　　B. 政治

C. 经济　　D. 人民

8.（　　）是社会主义现代化的根本要求。

A. 社会进步　　B. 物质富足、精神富有

C. 人民团结　　D. 国家繁荣

9.（　　）直接关系中国式现代化的根本方向、前途命运、最终成败。

A. 人民当家作主　　B. 依法治国

C. 政治协商　　D. 党的领导

10. 推进中国式现代化需要牢牢把握的重大原则有（　　）。

① 坚持和加强党的全面领导。　② 坚持中国特色社会主义道路。　③ 坚持以人民为中心的发展思想。　④ 坚持深化改革开放。　⑤ 发扬斗争精神。

A. ①②④⑤　　B. ①②③④

C. ①②③⑤　　D. ①②③④⑤

二、多项选择题

1. 习近平总书记在党的二十大报告中对中国式现代化进行了全面深刻的阐述。中国式现代化是（　　）。

A. 人口规模巨大的现代化　　B. 全体人民共同富裕的现代化

C. 人与自然和谐共生的现代化　　D. 走独立自主道路的现代化

2. 党的二十大报告指出，中国式现代化是中国共产党领导的社会主义现代化，有（　　）。

A. 各国现代化的共同特征　　B. 发展中国家现代化的思路

C. 基于自己国情的中国特色　　D. 发达国家现代化的目标

3. 实现中华民族伟大复兴的中国梦，本质是（　　）。

A. 社会稳定　　B. 国家富强

C. 民族振兴　　D. 人民幸福

4. 推进中国式现代化，必须维护人民根本利益，增进民生福祉，不断实现（　　），让现代化建设成果更多更公平惠及全体人民。

A. 发展为了人民　　B. 发展依靠人民

C. 发展成果由人民共享　　D. 尊重人民主体地位

5. 进入新时代，我们党围绕解决现代化建设中存在的突出矛盾和问题，不断实现理论和实践上的创新突破，成功推进和拓展了中国式现代化，表现为（　　）。

A. 创立了习近平新时代中国特色社会主义思想，实现了马克思主义中国化时代化新的飞跃，为中国式现代化提供了根本遵循

B. 进一步深化对中国式现代化的内涵和本质的认识，概括形成中国式现代化的中国特色、本质要求和重大原则

C. 统筹推进“五位一体”总体布局，协调推进“四个全面”战略布局，确立了推进中国式现代化的战略规划和总体部署

D. 深入实施科教兴国战略、人才强国战略、乡村振兴战略等一系列重大战略，为中国式现代化提供坚实战略支撑

6. 推进中国式现代化，要增强战略的（　　）。

A. 前瞻性　　B. 全局性

C. 稳定性　　　　　　　　　　　　　D. 创新性

7. 推进中国式现代化要正确处理守正与创新的关系，要（　　）。

A. 守好中国式现代化的本和源、根和魂

B. 毫不动摇坚持中国式现代化的中国特色、本质要求、重大原则

C. 坚持党的基本理论、基本路线、基本方略，确保中国式现代化的正确方向

D. 把创新摆在国家发展全局的突出位置

8. 中国式现代化创造了人类文明新形态，是因为（　　）。

A. 中国式现代化没有遵循现代化的一般规律

B. 中国式现代化提供了一种全新的现代化模式

C. 中国式现代化是对西方式现代化理论和实践的重大超越

D. 中国式现代化为广大发展中国家提供了全新选择

9. 推进中国式现代化，必须（　　）。

A. 增强全党全国各族人民的志气、骨气、底气

B. 不信邪、不怕鬼、不怕压

C. 统筹发展和安全

D. 全力战胜前进道路上各种困难和挑战，依靠顽强斗争打开事业发展新天地

10. 推进中国式现代化，必须坚持团结奋斗，这是因为（　　）。

A. 团结就是力量，奋斗开创未来

B. 中华民族是有着伟大团结奋斗精神的民族，团结奋斗的价值理念深深融入并深刻影响着中国人的精神世界

C. 中国式现代化是一项伟大而艰巨的事业，前进道路必然风雨兼程，需要全党全国各族人民团结奋斗的步调更加一致、意志更加顽强

D. 只有凝聚全党全国各族人民的智慧和力量，准确识变、科学应变、主动求变，用团结奋斗筑起防范化解各种风险挑战的铜墙铁壁，才能打赢各类遭遇战、攻坚战、持久战

三、判断题

1. 实现中华民族伟大复兴的中国梦，本质是国家富强、民族振兴、人民富裕。（　　）

2. 为了实现现代化，中华民族许多有识之士进行了长期奋斗，作出了难能可贵的努力。孙中山的《建国方略》被称为近代中国谋求现代化的第一份蓝图。（　　）

3. 党的十九大集中概括了中国式现代化五个方面的中国特色，深刻揭示了中国式现代化的科学内涵。（　　）

4. 推进中国式现代化，必须坚决维护党中央权威和集中统一领导，把党的领导落实到党和国家事业各领域各方面各环节。（　　）

5. 党的二十大进一步明确全面建成社会主义现代化强国总的战略安排：从2020年到2035年基本实现社会主义现代化；从2035年到本世纪中叶把我国建成富强民主文明和谐美丽的社会主义现代化强国。（　　）

四、简答题

1. 中国式现代化的中国特色是什么？

2. 中国式现代化的本质要求是什么？

第五部分　材料分析

阅读材料，回答问题。

走进第六届进博会国家展，美观大气、充满科技感的中国馆十分抢眼，吸引了众多中外观众前来打卡。今年的中国馆展览面积增至2500平方米，规模为历届之最，以“中国式现代化新成就为世界提供新机遇”为主题，重点展示了我国推进高水平开放和高质量发展的最新成果。

高质量发展迈出坚实步伐

“身系‘飞天彩带’的‘爱达·魔都号’太时尚了。”本届进博会开幕以来，中国馆展出的国产首艘大型邮轮模型成了热门展品之一。据介绍，“爱达·魔都号”总吨位13.55万吨，长323.6米，宽37.2米，最大高度72.2米。船上配有客房2125间，可容纳乘客5246人，被誉为“海上现代化城市”。

2023年11月4日，“爱达·魔都号”正式命名交付，标志着我国成功摘取世界造船业“皇冠上最耀眼的明珠”。历经8年科研攻关、5年设计建造，“爱达·魔都号”研制交付，是我国推进新型工业化的重大成果。

当然，不只是大型邮轮，国家级太空实验室中国空间站、可编程量子计算系统“祖冲之号”等展品同样“吸睛”，充分展现了大国制造的硬核实力。而“数字长城”裸眼3D全息投影，以及人工智能照相馆、微信“刷掌支付”等新产品新应用，则让观众亲身体验到了数字经济的无穷魅力。

自贸试验区建设成就非凡

本届进博会，中国馆专门设立了“自由贸易试验区建设十年成就展”，这是今年中国馆的重中之重。一条采用中国传统水墨画风格的“时光隧道”，全景呈现了我国自由贸易试验区十年建设历程。

2013年上海自贸试验区设立，2015年广东、天津、福建自贸试验区设立……十年来，自贸试验区贯彻落实党中央决策部署，解放思想、守正创新，推出了一大批基础性、开创性改革开放举措，形成了许多标志性、引领性制度创新成果，有效发挥了改革开放综合实验平台作用。

如今，自贸试验区制度创新成果加快向全国复制推广，截至2023年10月，已累计复制推广302项。新征程上，要深入实施自贸试验区提升战略，在更广领域、更深层次开展探索，努力建设更高水平自贸试验区。

“中国好世界会更好”

2023年是共建“一带一路”倡议提出十周年。中国馆展示了多项高质量共建“一带一路”的重要成果。

“中欧班列是共建‘一带一路’旗舰项目和标志性品牌。”吴政平说，自2013年以来，中欧班列累计开行超过7.8万列，通达欧洲25个国家，运送货物超过740万标箱，开创了亚欧国际运输新格局。

此外，中国馆还展示了中外合作的一些典型项目，比如，中国企业在欧洲承建的第一座大桥塞尔维亚泽蒙—博尔察大桥，被塞尔维亚人亲切称为“中塞友谊桥”。

当前，世界经济复苏动力不足，需要各国同舟共济、共谋发展。与会嘉宾表示，中国已踏上以中国式现代化全面推进强国建设、民族复兴的新征程，将坚定推进高水平开放，持续推动经济全球化朝着更加开放、包容、普惠、平衡、共赢的方向发展，助力推动构建开放型世界经济，让合作共赢惠及世界。

（参见《“中国式现代化”为世界提供新机遇：第六届进博会国家展中国馆见闻》，光明网，2023年11月08日）

结合材料，说说在推进中国式现代化中如何正确处理自立自强与对外开放的关系。

专题八
发展全过程人民民主

第一部分 理论点睛

一、坚定不移走中国特色社会主义政治发展道路

走中国特色社会主义政治发展道路，必须坚持党的领导、人民当家作主、依法治国有机统一。党的领导是人民当家作主和依法治国的根本保证，人民当家作主是社会主义民主政治的本质特征，依法治国是党领导人民治理国家的基本方式，三者统一于我国社会主义民主政治伟大实践。走中国特色社会主义政治发展道路，最根本的是坚持党的领导。要加强党中央集中统一领导，改进党的领导方式和执政方式，扩大人民有序政治参与，维护国家法治统一、尊严、权威，保障我国社会主义民主政治制度有序运行。

走中国特色社会主义政治发展道路，必须积极稳妥推进政治体制改革。中国特色社会主义民主是个新事物，也是个好事物。这并不是说，中国政治制度就完美无缺了，就不需要完善和发展了。改革开放以来，我们在坚持根本政治制度、基本政治制度的基础上，不断深化政治体制改革，推进制度体系完善和发展，为保持我国政治制度的活力提供了重要体制机制保障。要适应扩大人民民主、促进经济社会发展的新要求，持续推进社会主义民主政治制度化、规范化、程序化，巩固和发展生动活泼、安定团结的政治局面。

走中国特色社会主义政治发展道路，必须始终保持政治定力。必须始终保持清醒的政治头脑，始终保持战略定力。看到别的国家有而我们没有就简单认为有欠缺，要搬过来；或者看到我们有而别的国家没有就简单认为是多余的，要去除掉。这两种观点都是简单化的、片面的，因而都是不正确的。世界上不存在完全相同的政治制度，也不存在适用于一

切国家的政治制度模式。不能用单一的标尺衡量世界丰富多彩的政治制度、用单调的眼光审视人类五彩缤纷的政治文明，也不能割断历史、想象突然就搬来一座政治制度上的“飞来峰”。

二、全过程人民民主是社会主义民主政治的本质属性

（一）全过程人民民主是社会主义民主政治的伟大创造

全过程人民民主植根于我国社会主义民主的长期实践，是中国特色社会主义民主政治理论和实践的重大成果。党的十八大以来，以习近平同志为核心的党中央坚持党的领导、人民当家作主、依法治国有机统一，积极回应人民对民主政治的新要求新期待，提出全过程人民民主重大理念，推动全过程人民民主取得历史性成就，拓展了社会主义民主政治的理论和实践内涵，丰富了人类政治文明形态。

（二）全过程人民民主是全链条、全方位、全覆盖的民主

全过程人民民主，既有完整的制度程序，也有完整的参与实践，把民主选举、民主协商、民主决策、民主管理、民主监督贯通起来，涵盖经济、政治、文化、社会、生态文明等各个方面，聚焦国家发展大事、社会治理难事、百姓日常琐事，具有时间上的连续性、内容上的整体性、运行上的协同性、人民参与上的广泛性和持续性。

（三）全过程人民民主是最广泛、最真实、最管用的民主

评判一种民主形式好不好，实践最有说服力，人民最有发言权。全过程人民民主既能确保人民充分享有各方面权利，又能有效促进国家治理高效和社会和谐稳定，维护和保障人民群众的根本利益，是最广泛、最真实、最管用的民主。

三、健全人民当家作主的制度体系

（一）加强人民当家作主制度保障

人民当家作主必须通过一定的制度予以保障。这些制度坚持人民主体地位，真正把发展为了人民、发展依靠人民、发展成果由人民共享落到实处，充分调动起人民的主观能动性，构成了全面、广泛、有机衔接的人民当家作主制度体系。加强人民当家作主制度保障，要不断坚持和完善我国根本政治制度、基本政治制度、重要政治制度，构建多样、畅通、有序的民主渠道，有效保证党的主张、国家意志、人民意愿相统一。

人民代表大会制度是我国的根本政治制度，是符合我国国情和实际、体现社会主义国家性质、保证人民当家作主、保障实现中华民族伟大复兴的好制度，是我们党领导人民在

人类政治制度史上的伟大创造。

中国共产党领导的多党合作和政治协商制度、民族区域自治制度、基层群众自治制度构成了我国的基本政治制度，反映了我国社会主义民主政治的独特优势，是保障各政党、各阶层、各民族和基层人民群众当家作主的重要基础。

（二）全面发展协商民主

社会主义协商民主，是在中国共产党领导下，人民内部各方面围绕改革发展稳定重大问题和涉及群众切身利益的实际问题，在决策之前和决策实施之中开展广泛协商，努力形成共识的重要民主形式。协商民主源自中华民族长期形成的天下为公、兼容并蓄、求同存异等优秀政治文化，源自近代以后中国政治发展的现实进程，源自中国共产党领导人民进行革命、建设、改革的长期实践，源自新中国成立后各党派、各团体、各民族、各阶层、各界人士在政治制度上共同实现的伟大创造，源自改革开放以来中国在政治体制上的不断创新，具有深厚的文化基础、理论基础、实践基础、制度基础。

（三）积极发展基层民主

基层民主是全过程人民民主的重要体现。我国基层民主有多种多样的形式，如以村民委员会为组织形态的农村村民自治、以社区居民委员会为组织形态的城市居民自治、以职工代表大会为组织依托的企事业单位职工自治等。广大人民群众最直接的政治参与主要在基层，最直观的当家作主感受也主要在基层。发展基层民主，是实现人民有效政治参与的重要渠道，是人民当家作主的有效途径，是社会主义民主最广泛的实践。

四、巩固和发展新时代爱国统一战线

（一）统一战线是凝聚人心、汇聚力量的强大法宝

统一战线是中国共产党夺取革命、建设、改革事业胜利的重要法宝，也是实现中华民族伟大复兴的重要法宝。新时代，统一战线面临的时和势、肩负的使命和任务发生了重大变化，在维护国家主权、安全、发展利益上的作用更加重要，在围绕中心、服务大局上的作用更加重要，在增强党的阶级基础、扩大党的群众基础上的作用更加重要。越是变化大，越是要把统一战线发展好、把统战工作开展好。党的十八大以来，以习近平同志为核心的党中央从治国理政的战略高度对统战工作作出全面部署，推动大统战工作格局逐步形成，统一战线呈现出团结、奋进、开拓、活跃的良好局面。必须掌握规律、坚持原则、讲究方法，不断巩固由中国共产党领导的、以工农联盟为基础的，包括全体社会主义劳动者、社会主义事业的建设者、拥护社会主义的爱国者、拥护祖国统一和致力于中华民族伟大复兴

的爱国者的广泛的爱国统一战线。

（二）铸牢中华民族共同体意识

民族团结是我国各族人民的生命线，中华民族共同体意识是民族团结之本。多民族是我国的一大特色，也是我国发展的一大有利因素。中华民族和各民族的关系，是一个大家庭和家庭成员的关系，各民族的关系是一个大家庭里不同成员的关系。中国是全国各族人民共同缔造的统一的多民族国家，中华民族共同体的形成是中华民族历史发展的必然结果。中华民族在最孱弱的时期也没有分崩离析，靠的就是国土不可分、民族不可散、文明不可断的理念。事实充分说明，对中华民族形成起决定作用的是对中华民族共同体的认同，而不是种族、血缘、地域、宗教等因素。只有铸牢中华民族共同体意识，才能构建起维护国家统一和民族团结的坚固思想长城，推动各民族共同维护好国家安全和社会稳定；才能增进各民族对中华民族的自觉认同，夯实我国民族关系发展的思想基础，推动中华民族成为认同度更高、凝聚力更强的命运共同体；才能有效应对实现中华民族伟大复兴过程中民族领域可能发生的风险挑战，为党和国家兴旺发达、长治久安提供重要思想保证。

（三）加强和促进海内外中华儿女大团结

促进中华儿女大团结，是新时代爱国统一战线的历史责任。团结奋斗是中国共产党和中国人民最显著的精神标识，能团结奋斗的民族才有前途，能团结奋斗的政党才能立于不败之地。要高举爱国主义、社会主义旗帜，抓好新时代统战工作的着力点，把握做好统战工作的正确原则和方法，最大限度汇聚起致力民族复兴的强大力量。

第二部分　案例思考

全过程人民民主的中国实践

民主是全人类的共同价值，是中国共产党和中国人民始终不渝坚持的重要理念。

人民民主是社会主义的生命，以习近平同志为核心的党中央领导人民坚持中国特色社会主义政治发展道路，坚持党的领导、人民当家作主、依法治国有机统一，积极发展全过程人民民主，健全全面、广泛、有机衔接的人民当家作主制度体系，构建多样、畅通、有序的民主渠道，丰富民主形式，从各层次各领域扩大人民有序政治参与，使各方面制度和国家治理更好体现人民意志、保障人民权益、激发人民创造，社会主义民主政治焕发勃勃生机。

扎根沃土：始终高举人民民主旗帜

人民当家作主是社会主义民主政治的本质和核心。民主，就是人民当家作主。

党的十八大以来，以习近平同志为核心的党中央深化对社会主义民主政治发展规律的认识，提出了全过程人民民主的重大理念。

中国是一个发展中大国，坚持正确的政治发展道路更是关系根本、关系全局的重大问题。党从国内外政治发展成败得失中深刻认识到，坚定中国特色社会主义制度自信首先要坚定对中国特色社会主义政治制度的自信，建设社会主义民主政治，发展社会主义政治文明，必须使中国特色社会主义政治制度深深扎根于中国社会土壤，照抄照搬他国政治制度行不通，甚至会把国家前途命运葬送掉。

以什么样的思路来谋划和推进中国社会主义民主政治建设，在国家政治生活中具有管根本、管全局、管长远的作用——

2019年11月2日，上海市长宁区虹桥街道古北市民中心，习近平总书记同参加法律草案意见建议征询会的社区居民代表亲切交流，明确指出："我们走的是一条中国特色社会主义政治发展道路，人民民主是一种全过程的民主。"

2021年7月1日，在庆祝中国共产党成立100周年大会上的重要讲话中，习近平总书记强调"发展全过程人民民主"，发出开辟我国社会主义民主政治建设新征程的号令。

"人民民主""全过程人民民主"，习近平总书记深刻总结我们党百年来为实现和保证人民当家作主不懈奋斗的宝贵经验，揭示社会主义民主的深刻内涵、鲜明特色和显著优势。

2021年金秋十月，在党的历史上首次召开的中央人大工作会议上，习近平总书记的话语掷地有声："我们要坚持中国特色社会主义政治发展道路，坚持和完善人民代表大会制度，加强和改进新时代人大工作，不断发展全过程人民民主，巩固和发展生动活泼、安定团结的政治局面。"

如何既保证人民当家作主，又保证国家政治生活充满活力又安定有序？习近平总书记字字千钧——"关键是要坚持党的领导、人民当家作主、依法治国有机统一"。

习近平总书记指出："我国全过程人民民主实现了过程民主和成果民主、程序民主和实质民主、直接民主和间接民主、人民民主和国家意志相统一，是全链条、全方位、全覆盖的民主，是最广泛、最真实、最管用的社会主义民主。"

全过程人民民主，是人民当家作主的生动实践和必由之路。《中共中央关于党的百年奋斗重大成就和历史经验的决议》将"发展全过程人民民主"列入习近平新时代中国特色社会主义思想的“十个明确”之中。

根深叶茂：体现人民意志、保障人民权益、激发人民创造

凝聚智慧与力量的制度安排激发人民创造——

2020年6月23日，全国政协十三届常委会第十二次会议首次在常委会会议中采用互联网政协调研形式与地方开展联动协商。四级政协委员直接参与，连线点延伸至村，多名委员和基层同志通过远程连线现场发言……展现出协商民主的广度与活力。

中国共产党领导的多党合作和政治协商制度是中国的一项基本政治制度。在人民民主的共同旗帜下，中国共产党与各民主党派长期共存、互相监督、肝胆相照、荣辱与共，形成了具有鲜明中国特色和显著优势的新型政党制度。

党的十八大以来，中国共产党领导的多党合作和政治协商制度实现新发展。《中共中央关于党的百年奋斗重大成就和历史经验的决议》指出，党坚持和完善中国共产党领导的多党合作和政治协商制度，完善民主党派中央对重大决策部署贯彻落实情况实施专项监督、直接向中共中央提出建议等制度，加强人民政协专门协商机构制度建设，推进社会主义协商民主广泛多层制度化发展，形成中国特色协商民主体系。

党中央出台加强社会主义协商民主建设的意见，系统谋划协商民主的发展路径，推进政党协商、人大协商、政府协商、政协协商、人民团体协商、基层协商以及社会组织协商，极大丰富了民主形式，拓宽了民主渠道，加深了民主内涵。

实施乡村振兴战略、平安中国建设、应对人口老龄化、保障农产品质量安全、推动民族地区多渠道就业……各党派团体、各族各界人士发挥在界别群众中的代表作用，通过提出提案、视察考察、专题调研等，对国家大政方针、经济社会各领域重要问题，进行广泛协商，提出意见建议。

以政协全体会议为龙头，以专题议政性常委会会议和专题协商会为重点，以双周协商座谈会、网络议政远程协商活动、对口协商会、提案办理协商会等为常态，协商议政的途径不断拓宽，让广纳群言、广谋良策、广聚共识的效果更明显。

党的十八大以来至2021年，中共中央召开或委托有关部门召开政党协商会议170余次。各民主党派中央、无党派人士深入考察调研，提出书面意见建议730多件，许多已转化为国家重大决策。

寻求最大公约数、画出最大同心圆

一系列制度安排，全方位、全链条维护最广大人民根本利益，切实保障人民当家作主。

——坚持巩固基层政权，完善基层民主制度，完善办事公开制度，保障人民知情权、参与权、表达权、监督权。人民群众通过村民委员会、居民委员会、职工代表大会等，广泛、直接参与社会事务管理。以城乡村（居）民自治为核心，民主选举、民主协商、民主决策、民主管理、民主监督为主要内容的基层群众自治制度基本建立并不断完善，基层直接民主深入发展，基层群众自治制度充满活力。

——按照坚持党的全面领导、坚持以人民为中心、坚持优化协同高效、坚持全面依法治国的原则，全面深化党和国家机构改革，党和国家机构职能实现系统性、整体性重构。

——坚持和完善民族区域自治制度，坚定不移走中国特色解决民族问题的正确道路，坚持把铸牢中华民族共同体意识作为党的民族工作主线，确立新时代党的治藏方略、治疆方略，巩固和发展平等团结互助和谐的社会主义民族关系，促进各民族共同团结奋斗、共同繁荣发展，民族区域自治制度得到切实贯彻落实。

——坚持党的宗教工作基本方针，坚持我国宗教的中国化方向，积极引导宗教与社会主义社会相适应。

——完善大统战工作格局，努力寻求最大公约数、画出最大同心圆，汇聚实现中华民族伟大复兴的磅礴力量。

——围绕增强政治性、先进性、群众性，推动群团工作改革创新，更好发挥工会、共青团、妇联等人民团体和群众组织作用。

——以保障人民生存权、发展权为首要推进人权事业全面发展。

立治有体，施治有序。

2020年8月，五年规划编制史上的首次“网络问计”收到了上百万条网民意见建议。把加强顶层设计和坚持问计于民统一起来，是这次规划编制最鲜明的特点。

“上下同欲者胜，风雨同舟者兴。”社会期盼、群众智慧、专家意见、基层经验充分吸收到“十四五”规划编制中，齐心协力编制的“十四五”规划成为践行全过程人民民主的典范。

完整的制度程序，完整的参与实践，使全过程人民民主落实到治国理政各个方面，实现经济、政治、文化、社会、生态文明等领域全覆盖，人民群众知情权、参与权、表达权、监督权得到有力保障。

新的征程上，把牢人民民主发展正确方向，确保国家一切权力属于人民，必须毫不动摇坚持中国共产党的领导，必须坚定不移走中国特色社会主义政治发展道路，必须坚持和完善人民当家作主制度体系。

在以习近平同志为核心的党中央坚强领导下，全过程人民民主必将充分发挥社会主义民主政治优势，为人类政治文明进步贡献中国智慧，为实现第二个百年奋斗目标和中华民族伟大复兴的中国梦筑牢民主基石。

（参见新华社记者：《全过程人民民主的中国实践》，《求是》2022 年第 6 期）

【案例解析】

本案例阐述了中国发展全过程人民民主的生动实践。以习近平同志为核心的党中央深化对民主政治发展规律的认识，提出全过程人民民主的重大理念并积极推进，把民主的价值和理念进一步转化为科学有效的制度安排和具体现实的民主实践。全过程人民民主丰富和发展了社会主义民主政治理论，充分体现了我国人民民主的鲜明特色和显著优势。

【案例讨论】

1. 谈一谈全过程人民民主的优势有哪些。

2. 谈一谈全过程人民民主如何实现全链条、全方位、全覆盖的民主。

第三部分　实践拓展

实践活动 1：“人民民主高于国家意志 vs 国家意志高于人民民主”辩论赛

【实践目标】

本实践活动旨在通过辩论启发学生更深刻地理解全过程人民民主是人民民主与国家意志的统一。全过程人民民主建立在公有制经济基础之上，与广大人民的根本利益具有内在一致性，从根本上保障了其人民民主的性质；全过程人民民主的“五项制度”和“五大民主”充分保证了人民可以充分表达意愿，不断增进政党合作、民族团结、社会和谐和个体自由；全过程人民民主坚持党的领导、人民当家作主和依法治国的有机统一，确保了国家意志在民主监督下的有效实施。

【实践方案】

1. 活动时间：2 学时。

2. 活动地点：授课教室。

3. 活动方式：辩论赛。

4. 活动流程：

（1）班级学生自愿报名，组成正、反两队。

（2）参赛选手利用课余时间准备辩论材料、辩论稿。

（3）评委、嘉宾、计时员就位。

（4）主持人组织开展辩论赛。

（5）评委打分。

【实践评价】

计分表

评分项目	分值	得分	总分
开篇立论	20		
攻辩	20		
自由辩论	30		
总结陈词	20		
语言风度	5		
仪表气质	5		

实践活动 2：城市社区民主政治建设的调研与思考

【实践目标】

社区是最贴近居民的群众性自治组织，也是城市基层协商民主的重要组织形态。社区民主是全过程人民民主最直接的生动体现。本实践活动旨在使学生感受全过程人民民主的基层实践，直观了解全过程人民民主的优势。

【实践方案】

1. 活动时间：半天（4 学时）。

2. 活动地点：学校周边社区。

3. 活动方式：参观调研。

4. 活动流程：

（1）班级学生分为多个实践小组，做好联络、分工等准备工作。

（2）任课教师带队前往相关社区。

（3）听取社区工作人员介绍社区的民主政治建设情况，观摩社区民主议事等。

（4）活动结束，所有同学安全返校。

（5）以实践小组为单位完成调研报告，提交任课教师评阅。

【实践评价】

计分表

评分项目	分值	得分	总分
参观调研笔记	30		
参观调研心得	40		
文字表达	10		
活动过程的表现	20		

第四部分　习题训练

一、单项选择题

1. 社会主义民主的实质是（　　）。

A. 民主集中制　　B. 人民当家作主

C. 人民代表大会制度　　D. 中华民族大团结

2. 一个国家是不是民主，应该由这个国家的（　　）来评判，而不应该由外部少数人指手画脚来评判。

A. 人民　　B. 执政党

C. 社会团体　　D. 国家性质

3.（　　）是社会主义的生命，没有民主就没有社会主义，就没有社会主义的现代化，就没有中华民族伟大复兴。

A. 人民民主　　B. 人民当家作主

C. 以人民为中心　　D. 坚持人民的主体地位

4. 全过程人民民主首次提出是在（　　）。

A. 2019 年 7 月　　B. 2019 年 11 月

C. 2021 年 3 月　　D. 2021 年 7 月

5.（　　）是中国发展全过程人民民主的根本保证。

A. 人民当家作主　　B. 中国特色社会主义制度

C. 人民民主专政　　D. 中国共产党的领导

6.（　　）是统治阶级用来实现其阶级利益的政治形式和手段。

A. 民主　　B. 制度

C. 体制　　D. 监督

7. 中华民族要实现伟大复兴中国梦，不仅要创造高度的物质文明、精神文明、社会文明、生态文明，而且要建设高度的（　　）。

A. 制度文明　　B. 政治文明

C. 工业文明　　D. 历史文明

8. 全面深刻阐释全过程人民民主内涵的时间是（　　）。

A. 2021 年 10 月　　B. 2021 年 11 月

C. 2022 年 1 月　　D. 2022 年 3 月

9.（　　）是指民主的制度安排，实质民主是指民主始终追求的价值目标，二者有机结合。

A. 程序民主　　B. 协商民主

C. 人民民主　　D. 全过程人民民主

10. 国家治理高效在于始终把（　　）利益放在第一位。

A. 中国共产党　　B. 社会团体

C. 人民民主　　D. 中国人民

二、多项选择题

1. 全过程人民民主是（　　）的民主，是最广泛、最真实、最管用的社会主义民主。

A. 全方面　　B. 全链条

C. 全方位　　D. 全覆盖

2. 全过程人民民主实现了（　　）。

A. 过程民主和成果民主相统一　　B. 程序民主和实质民主相统一

C. 直接民主和间接民主相统一　　D. 人民民主和国家意志相统一

3. 人民既是民主的（　　），也是民主的（　　），智慧力量充分激发，既为自己，也为国家、民族拼搏奋斗。

A. 参与者　　B. 受益者

C. 决策者　　D. 执行者

4. 在人民民主的共同旗帜下，中国共产党与各民主党派（　　）。

A. 长期共存　　B. 互相监督

C. 肝胆相照　　D. 荣辱与共

5. 提高党（　　）的水平，保证党领导人民有效治理国家，切实防止出现群龙无首、一盘散沙的现象。

A. 科学执政　　B. 民主执政

C. 依法执政　　D. 公平执政

6. 巩固和发展爱国统一战线，应该着手做好以下工作：（　　）。

A. 坚持长期共存、互相监督、肝胆相照、荣辱与共的中国共产党领导的政治协商制度

B. 深化民族团结进步教育

C. 全面贯彻党的宗教工作基本方针

D. 牢牢把握大团结大联合的主题，做好统战工作

7. 走中国特色社会主义政治发展道路，必须坚持（　　）有机统一。

A. 推进国家治理体系和治理能力现代化

B. 人民当家作主

C. 党的领导

D. 依法治国

8. 发展社会主义民主政治是中国共产党始终不渝的奋斗目标，是实现中华民族伟大复兴的（　　）。

A. 必要条件　　B. 根本标志

C. 重要标准　　D. 显著标识

9. 我国基本的政治制度包括（　　）。

A. 中国共产党领导的多党合作和政治协商制度

B. 民族区域自治制度

C. 基层群众自治制度

D. 基层民主制度

10. 要适应扩大人民民主、促进经济社会发展的新要求，持续推进社会主义民主政治（　　），巩固和发展生动活泼、安定团结的政治局面。

A. 制度化　　B. 规范化

C. 程序化　　D. 现代化

三、判断题

1. 民主是固定不变的，各个国家的民主形式都大同小异。（　　）

2. 中国特色社会主义政治制度是由根本政治制度、基本政治制度、重要政治制度等组成的制度体系。（　　）

3. 人民代表大会制度是我国的根本政治制度。（ ）

4. 发展基层民主，是实现人民有效政治参与的重要渠道，是社会主义民主最广泛的实践。（ ）

5. 民族繁荣是我国各族人民的生命线，中华民族共同体意识是民族团结之本。（ ）

四、简答题

1. 如何理解走中国特色社会主义政治发展道路必须坚持党的领导、人民当家作主和依法治国的有机统一？

2. 如何健全人民当家作主的制度体系？

第五部分　材料分析

阅读材料，回答问题。

中国式民主为什么能“全过程”？

一个国家的民主呈现什么样的形态，是由这个国家的社会性质、历史文化传统、经济发展水平决定的。中国式民主能实现“全过程”，绝不是偶然的，其背后有着深刻的历史逻辑、理论逻辑和实践逻辑。

社会主义制度是中国式民主能够“全过程”的最佳土壤。任何一种民主形式都与特定的国家制度相伴而生，有什么样的国家制度，便有什么样的民主形式。中国式的全过程人民民主不是从天而降的，不是“飞来峰”，它是在中国的社会土壤中生长起来的，是中国特色社会主义的必然产物，是中国特色社会主义政治发展道路的必然产物。

党的领导是中国式民主能够“全过程”的根本政治保证。人民立场是中国共产党的根本政治立场，是马克思主义政党区别于其他政党的显著标志。中国共产党从成立之日起，就把人民民主写在自己的旗帜上，全过程人民民主当然也是在党的领导下形成和发展起来的。

人民代表大会制度是中国式民主能够“全过程”的制度密码。 新中国成立以来，特别是党的十八大以来，我们党不断推进社会主义民主政治制度化、规范化和程序化，中国特色社会主义政治发展道路越走越宽，人民当家作主的制度保障越来越健全，全过程人民民主的优越性更加充分地展现了出来。

广大人民群众的广泛参与，是中国式民主能够“全过程”的重要推动力量。 正是在广大人民群众的积极参与和大力推动下，全过程人民民主才能不断发展完善。广大人民群众就是全过程人民民主的建设者、参与者、维护者和最大的受益者，他们每时每刻都在用自己卓越的表现，向世人讲述新时代的中国民主故事。

（参见王晓琳:《中国式民主为什么能“全过程”？——全过程人民民主系列谈之一》，中国人大网，2021 年 8 月 16 日）

结合材料，说说中国式民主能实现“全过程”的原因。

专题九
推动高质量发展

第一部分　理论点睛

一、新发展理念的科学内涵和实践要求

新发展理念具有丰富的科学内涵和具体的实践要求。创新是引领发展的第一动力，创新发展注重的是解决发展动力问题，必须坚持创新在我国现代化建设全局中的核心地位，让创新贯穿党和国家一切工作，全面提升创新能力和效率，把创新发展主动权牢牢掌握在自己手中。协调是持续健康发展的内在要求，协调发展注重的是解决发展不平衡问题，必须正确处理局部和全局、当前和长远、重点和非重点的关系，在发展中促进相对平衡，不断增强发展的整体性。绿色是永续发展的必要条件和人民对美好生活追求的重要体现，绿色发展注重的是解决人与自然和谐共生问题，必须实现经济社会发展和生态环境保护协同共进，加快发展方式绿色转型，推动形成绿色低碳的生产方式和生活方式。开放是国家繁荣发展的必由之路，开放发展注重的是解决发展内外联动问题，必须推动形成更大范围、更宽领域、更深层次对外开放格局，不断增强我国国际经济合作和竞争新优势。共享是中国特色社会主义的本质要求，共享发展注重的是解决社会公平正义问题，必须坚持全民共享、全面共享、共建共享、渐进共享，不断推进全体人民共同富裕。新发展理念是一个系统的理论体系，回答了关于发展的目的、动力、方式、路径等一系列理论和实践问题，阐明了我们党关于发展的政治立场、价值导向、发展模式、发展道路等重大政治问题，深化了我们党对中国特色社会主义经济发展规律的认识，开拓了中国特色社会主义政治经济学新境界。

新发展理念是指挥棒、红绿灯，是引领我国发展全局深刻变革的科学指引，必须完整、准确、全面地理解和把握。要从根本宗旨上把握新发展理念，坚持以人民为中心的发展思想，坚持发展为了人民、发展依靠人民、发展成果由人民共享，把满足人民群众对美好生活的新期待作为发展的出发点和落脚点，让现代化建设成果更多更公平惠及全体人民。要从问题导向上把握新发展理念，切实解决发展不平衡不充分问题，切实解决影响构建新发展格局、实现高质量发展的重大问题，切实解决影响人民群众生产生活的突出问题，真正实现高质量发展。要从忧患意识上把握新发展理念，积极主动、未雨绸缪，见微知著、防微杜渐，下好先手棋、打好主动仗，敢于斗争、善于斗争，随时准备应对更加复杂困难的局面，牢牢守住安全发展的底线。

二、高质量发展的深刻内涵和重大意义

高质量发展，是能够很好满足人民日益增长的美好生活需要的发展，是体现新发展理念的发展，是创新成为第一动力、协调成为内生特点、绿色成为普遍形态、开放成为必由之路、共享成为根本目的的发展。

高质量发展关系我国社会主义现代化建设全局，具有重大战略意义。第一，高质量发展为全面建设社会主义现代化国家提供更为坚实的物质基础。只有实现高质量发展，才能在经济总量规模继续扩大的同时不断提高发展质量效益，为我国的社会事业发展、文化事业繁荣、生态环境美好、国际地位提升、国防和安全能力增强等提供强大的物质和技术保障。第二，高质量发展是不断满足人民对美好生活需要的重要保证。只有实现高质量发展，才能不断增进人民福祉，满足人民群众多方面的需求，更好地提高人民生活品质，促进共同富裕取得更为扎实的进展。第三，高质量发展是维护国家长治久安的必然要求。只有实现高质量发展，才能确保重要产业、基础设施、战略资源、重大科技等关键领域安全可控，有效防范和化解重大风险，为维护国家主权、安全和发展利益提供重要支撑。

三、坚持和完善社会主义基本经济制度

（一）坚持和完善社会主义基本经济制度是实现高质量发展的保障

社会主义基本经济制度是我国生产关系在制度上的体现，在经济制度体系中具有基础性决定性地位，是中国特色社会主义制度的重要支柱。它规定了我国经济关系的基本原则，明确人们在生产、分配、交换、消费中的地位及相互关系，是解放和发展社会生产力、改善人民生活、维护社会公平正义、推进共同富裕的制度基础，对实现高质量发展具有重大

意义。

（二）坚持“两个毫不动摇”

公有制经济和非公有制经济都是社会主义市场经济的重要组成部分，都是我国经济社会发展的重要基础。要毫不动摇巩固和发展公有制经济，毫不动摇鼓励、支持、引导非公有制经济发展。

在公有制经济和非公有制经济发展关系上，要适应我国现阶段生产力发展的多层次性和不平衡性，坚持两点论和重点论的统一。要坚持公有制为主体、多种所有制经济共同发展，积极推进国有资本、集体资本、非公有资本等交叉持股、相互融合的混合所有制经济发展，把公有制经济发展和非公有制经济发展统一于社会主义基本经济制度之中。

（三）坚持按劳分配为主体、多种分配方式并存

马克思主义政治经济学认为，分配决定于生产，又反作用于生产。从我国生产力与生产关系的实际出发，我们确立了按劳分配为主体、多种分配方式并存的分配制度，形成了我国的基本分配制度。实践证明，这一制度安排有利于调动各方面积极性，有利于实现效率和公平有机统一。要坚持和完善社会主义分配制度，促进收入分配更合理、更有序。

（四）构建高水平社会主义市场经济体制

发展社会主义市场经济是我们党的一个伟大创造。把社会主义制度和市场经济有机结合起来，既发挥了市场经济的长处，又发挥了社会主义制度的优越性，党的二十大着眼全面建设社会主义现代化国家目标任务，坚持社会主义市场经济改革方向，作出构建高水平社会主义市场经济体制的战略部署。

构建高水平社会主义市场经济体制，关键是要处理好政府和市场的关系。加快建设高标准市场体系。推进宏观经济治理体系和治理能力现代化。

依法规范和引导资本健康发展。

四、加快构建新发展格局

（一）把握未来发展主动权的战略部署

构建新发展格局是事关全局的系统性、深层次变革，是立足当前、着眼长远的战略谋划，是适应我国发展新阶段要求、塑造国际合作和竞争新优势的必然选择。

构建新发展格局是把握未来发展主动权的先手棋，不是被迫之举和权宜之计。

构建新发展格局是开放的国内国际双循环，不是封闭的国内单循环。构建新发展格局是以全国统一大市场基础上的国内大循环为主体，不是各地都搞自我小循环。

（二）以国内大循环为主体、国内国际双循环相互促进

构建新发展格局，涉及我国经济发展的各个方面、各个领域，要准确把握基本要求，加强整体协调和系统布局，推动国内循环和国际循环相互促进、良性互动。

构建新发展格局必须具备强大的国内经济循环体系和稳固的基本盘，保持国内经济持续健康发展，巩固和发展我国经济的强大竞争力。

构建新发展格局必须发挥比较优势，以国内大循环吸引全球资源要素。要充分利用国内国际两个市场、两种资源，积极促进内需和外需、进口和出口、引进外资和对外投资协调发展，促进国际收支基本平衡。

构建新发展格局必须保证经济循环的畅通无阻，实现生产、分配、流通、消费各环节有机衔接。

（三）大力推动构建新发展格局

全面建成新发展格局任重道远，必须坚持问题导向和系统观念，着力破除制约加快构建新发展格局的主要矛盾和问题，不断扬优势、补短板、强弱项。

着力推动实施扩大内需战略同深化供给侧结构性改革有机结合。

着力发展实体经济。

着力加快科技自立自强。

着力推动产业链供应链优化升级。

五、建设现代化经济体系

建设现代化经济体系是我国发展的战略目标，是推动高质量发展、全面提高经济整体竞争力的必然要求。建设现代化经济体系，就要建设创新引领、协同发展的产业体系，建设统一开放、竞争有序的市场体系，建设体现效率、促进公平的收入分配体系，建设彰显优势、协调联动的城乡区域发展体系，建设资源节约、环境友好的绿色发展体系，建设多元平衡、安全高效的全面开放体系，建设充分发挥市场作用、更好发挥政府作用的经济体制。要深刻认识建设现代化经济体系的重要意义，聚焦目标、抓住重点、全面推进，推动我国经济发展焕发新活力、迈上新台阶。

（一）建设现代化产业体系

现代化产业体系是国家经济现代化的重要标志。加快建设以实体经济为支撑的现代化产业体系，关系我们在未来发展和国际竞争中赢得战略主动。实现高质量发展，必然伴随着我国产业体系的不断发展壮大。

（二）全面推进乡村振兴

农业强国是社会主义现代化强国的根基。全面建设社会主义现代化国家，最艰巨最繁重的任务依然在农村，最广泛最深厚的基础依然在农村。建设农业强国，必须走中国特色社会主义乡村振兴道路，大力实施乡村振兴战略，全面推进乡村振兴。

实施乡村振兴战略，农业农村现代化是总目标，坚持农业农村优先发展是总方针，产业兴旺、生态宜居、乡风文明、治理有效、生活富裕是总要求，建立健全城乡融合发展体制机制和政策体系是制度保障。要坚持乡村全面振兴，实现乡村产业振兴、人才振兴、文化振兴、生态振兴、组织振兴，推动农业全面升级、农村全面进步、农民全面发展，让农业成为有奔头的产业，让农民成为有吸引力的职业，让农村成为安居乐业的美丽家园。

（三）促进区域协调发展

促进区域协调发展，是贯彻新发展理念的重要内容，也是实现高质量发展的必然要求。新形势下促进区域协调发展，总的思路是：按照客观经济规律调整完善区域政策体系，发挥各地区比较优势，促进各类要素合理流动和高效集聚，增强创新发展动力，加快构建高质量发展的动力系统，增强中心城市和城市群等经济发展优势区域的经济和人口承载能力，增强其他地区在保障粮食安全、生态安全、边疆安全等方面的功能，形成主体功能明显、优势互补、高质量发展的区域经济布局。

第二部分　案例思考

长三角 G60 科创走廊——探索区域高质量发展新路径

2022 年 11 月 8 日，第五届中国国际进口博览会长三角 G60 科创走廊高质量发展要素对接大会在国家会展中心（上海）会议中心举行。长三角 G60 科创走廊专责小组成员单位和杭州、合肥、松江、嘉兴、金华、湖州、苏州、宣城、芜湖九地领导齐聚一堂，共议长三角 G60 科创走廊高质量发展。

九地分属上海、江苏、浙江和安徽，依托 G60 高速公路、沪苏湖高铁等交通大通道连接九地，探索出区域高质量协同发展的一条新路径。

2022 年 11 月 8 日发布的长三角 G60 科创走廊中期评估报告认为：科创走廊为全国构建优势互补、高质量发展的区域经济布局和国土空间体系发挥了先行示范作用。

新发展理念指引

G60科创走廊的推出源自新发展理念的指引。

谈起G60科创走廊的建设过程，上海松江区委书记程向民记忆犹新：2016年5月24日，松江区委、区政府正式启动1.0版G60上海松江科创走廊建设。2017年7月12日，上海松江与浙江嘉兴、杭州推出2.0版“沪嘉杭G60科创走廊”。

此后，G60科创走廊建设快速推进。

2018年6月1日，在长三角地区主要领导座谈会期间，G60高速公路、沪苏湖高铁、商合杭高铁沿线的杭州、合肥、松江、嘉兴、金华、湖州、苏州、宣城、芜湖九地携手共建3.0版长三角G60科创走廊，正式启动了协同创新之路的建设。

2018年11月，长江三角洲区域一体化发展上升为国家战略。在这一战略的部署下，2019年5月13日，G60科创走廊建设写入《长江三角洲区域一体化发展规划纲要》，标志着G60科创走廊正式上升为长三角一体化发展国家战略的重要平台。

此后，平台建设不断升级。

2020年11月3日，科技部等六部门联合印发《长三角G60科创走廊建设方案》，赋予了“中国制造迈向中国创造的先进走廊、科技和制度创新双轮驱动的先试走廊、产城融合发展的先行走廊”的战略定位，明确到2025年基本建成具有国际影响力的科创走廊和我国重要创新策源地。

2021年3月，G60科创走廊被写入国家“十四五”规划和2035年远景目标纲要，要“瞄准国际先进科创能力和产业体系，加快建设长三角G60科创走廊和沿沪宁产业创新带，提高长三角地区配置全球资源能力和辐射带动全国发展能力”，长三角G60科创走廊由此迎来新的重大发展机遇。

可以说，长三角G60科创走廊是新发展理念在地方的生动实践。

市场化方式协同

坚持市场化、法治化、国际化导向，构建“市场先行＋政府引导”的组织协调机制，是G60科创走廊的鲜明特色。

G60科创走廊建立了联席会议制度，组建了专责小组。协商制定目标规划、分步骤按节点推进任务，成为G60科创走廊的常态。联席会议与专责小组加强与各地合作对接，做实产业链、供应链协调联动的工作机制，创新“政、产、学、研、金、服、用”融合模式，以充分激发市场主体的活力。

为推动科创策源地建设，在科技部等国家有关部门的指导下，九地加快重大创新平台建设，构建原始创新先发优势。短短几年间，聚焦重大战略领域和前沿技术，九地已聚集国家和省级重点实验室及工程技术研究中心超过1000个。

围绕产业链部署创新链，九地加大重大科创的投入和资源的集聚力度。目前，九地全社会研发投入强度均值达到3.55%，已集聚高新技术企业3.65万家、国家级专精特新“小巨人”企业921家、各级孵化器众创空间1300余家。

为促进科技资源开放共享，加速科技成果转化，在科技部指导下，已设立长三角首支跨区域科技成果转化基金——长三角G60科创走廊科技成果转化基金，由国家引导基金参与设立、九地政府共同出资、社会资本共同投入。

通过加强合作，九地的产业能力优势互补，不断加强。九地围绕产业链部署创新链搭建了“1+7+N”产业联盟体系、跨区域产业协同创新中心、G60科创云要素对接平台等一批合作载体。

制度创新有效供给

打破壁垒，制度创新，是G60科创走廊的又一特色。强化制度精准创新和有效供给，推动创新一体化先行先试，是G60科创走廊的重要成果。

为打造高效便捷的政务服务生态，九地施行“一网通办”机制，2020年发出了全国首批跨省异地办理工商登记执照，被国务院办公厅确定为首批长三角政务服务“一网通办”试点区域。知识产权保护，是跨区域科创的重要支撑，九地实体化运作G60知识产权行政保护协作中心，并发布长三角G60科创走廊重点商标保护名录。

为吸引更多人才，G60科创走廊着力打造人才发展良好生态，九地建立了“基地＋中心＋峰会＋培训”融合工作机制，通过打造产业人才协同中心、轮值举办G60人才峰会、联合开展高层次人才培训等，共建共享人才发展高地。与此同时，出台九地互认互通人才18条政策，实施“长三角G60科创走廊百万科创人才引进工程”。

为加大科创企业扶持力度，G60科创走廊力推金融服务创新。推出“G60科创贷”等专属科技金融产品，试点跨区域联合授信。同时，成立G60金融服务联盟，成员单位拓展到432家。启动首批13家产融结合高质量发展示范园区建设。G60综合金融服务平台已实现6个城市线上平台共联，授信融资总额2.03万亿元。

G60科创走廊启动建设以来，主要发展指标相当亮眼：九地战略性新兴产业增加值占GDP比重从11.5%上升到15%，GDP总量占全国比重上升到1/15，高新技术企业数占全国比重上升到1/10，科创板上市企业数占全国的比重达到了1/5。

2022年第三季度，九地GDP同比增长3.9%，进出口总额同比增长112%。6月以来，九地签约落地项目超 1300 个，总投资额逾 1.26 万亿元。长三角 G60 科创走廊活跃增长极已经形成。

（参见谢卫群：《长三角 G60 科创走廊：探索区域高质量发展新路径》，《人民日报》2022 年 11 月 10 日）

【案例解析】

党的二十大报告指出，高质量发展是全面建设社会主义现代化国家的首要任务。长三角 G60 科创走廊通过新发展理念指引、市场化方式协同、制度创新有效供给，探索出区域高质量协同发展的一条新路径。

【案例讨论】

1. 结合案例谈谈长三角 G60 科创走廊如何通过现代化经济体系建设实现高质量发展。

2. 谈谈你对“高质量发展是全面建设社会主义现代化国家的首要任务”这句话的认识。

第三部分　实践拓展

实践活动 1：“‘全国统一大市场’知多少”主题演讲

【实践目标】

让学生深刻理解国家“建设全国统一大市场”的背景意义所在，明确全国统一大市场建设是推动高质量发展、构建新发展格局的内在要求。

【实践方案】

1. 活动时间：2 学时。

2. 活动地点：授课教室。

3. 活动方式：知识竞赛、小组汇报。

4. 活动流程：

（1）任课教师布置主题任务，对“建设全国统一大市场”的历史背景、理论基础、建设情况、风险挑战等分专题要求收集相关知识、案例。

（2）分组拟定知识竞赛题目，教师汇总整理制定竞赛试卷。

（3）现场组队（建议 1 个自然班 2 支队伍），进行竞赛答题，统计各组成绩。

（4）参赛队伍派代表以“全国统一大市场建设”为主题自拟题目开展主题演讲。

（5）评委打分，宣布比赛结果，产生获胜队。

（6）教师点评。

【实践评价】

计分表

评分项目	分值	得分	总分
知识竞赛	40		
资料收集	20		
主题演讲	30		
团队协作	10		

实践活动 2：新时代乡村振兴的“丰收答卷”社会调研

【实践目标】

利用课余时间或寒暑假通过走入乡村，深入了解决胜脱贫攻坚战背后的故事，调研脱贫群体对政府政策的认同程度以及脱贫过程中存在的问题与不足等。积极开展科技支农、科普宣讲、调研献策、志愿服务等形式的实践活动。

【实践方案】

1. 活动时间：2 学时。

2. 活动地点：多媒体教室。

3. 活动方式：完成调研报告，进行 PPT 展示。

4. 活动流程：

（1）学生以小组为单位在教师指导下撰写调查提纲，明确实践调查的目的、方法。

（2）学生根据问卷数据、访谈记录、图片整理数据，进行制图分析，形成数据分析报告，撰写主题调研报告。

（3）小组选派代表在实践课堂上向同学展示调研成果，任课教师进行点评。

【实践评价】

计分表

评分项目	分值	得分	总分
调研报告	50		
实践汇报	30		
实践过程	20		

第四部分　习题训练

一、单项选择题

1. 我们乘势而上开启全面建设社会主义现代化国家新征程、向第二个百年奋斗目标进军，这标志着我国进入了一个（　　）。

A. 新发展时期　　B. 新发展方位

C. 新发展阶段　　D. 新发展格局

2. 习近平总书记指出："全面建设社会主义现代化国家、基本实现社会主义现代化，既是（　　）我国发展的要求，也是我国社会主义从初级阶段向更高阶段迈进的要求。"

A. 社会主义初级阶段　　B. 社会主义历史时期

C. 社会主义新时代　　D. 社会主义实践探索

3.（　　）是发展行动的先导。

A. 发展理念　　B. 发展格局

C. 发展方向　　D. 发展策略

4.（　　）的发展理念，相互贯通、相互促进，是具有内在联系的集合体，要统一贯彻，不能顾此失彼，也不能相互替代。

A. 改革、和谐、绿色、开放、共享

B. 创新、协调、和谐、开放、共赢

C. 创新、和谐、绿色、开放、发展

D. 创新、协调、绿色、开放、共享

5.（　　）是根据我国发展阶段、环境、条件变化提出来的，是重塑我国国际合作和竞争新优势的战略抉择，是把握未来发展主动权的战略性布局和先手棋。

A. 新发展理念　　B. 新发展格局

C. 新发展阶段　　D. 新发展时期

6.（　　）是党治国理政的中心工作。

A. 文化工作　　B. 政治工作

C. 外交工作　　D. 经济工作

7.（　　）是一国经济的立身之本、财富之源，是构筑未来发展战略优势的重要支撑。

A. 非公有制经济　　B. 公有制经济

C. 实体经济　　D. 数字经济

8. 现代化经济体系必须坚持质量第一、（　　）优先。

A. 利益　　B. 速度

C. 人才　　D. 效益

9. 保持（　　）的领先地位，是支撑我国国际竞争力的基石。

A. 优势产业　　B. 新兴产业

C. 服务业　　D. 基础设施体系

10. 建设充分发挥（　　），更好发挥政府作用的经济体制。

A. 市场作用　　B. 服务业动能

C. 社会作用　　D. 社会福利补给

11. 经济改革的方向是要让（　　）在资源配置中发挥决定性作用。

A. 科技　　B. 创新

C. 政府　　D. 市场

12.（　　）是现代化强国的根基。

A. 农业强国　　B. 工业强国

C. 教育强国　　D. 科技强国

13. 我国应建设彰显优势、协调联动的（　）发展体系。

A. 实体经济　　B. 社会进步

C. 城乡区域　　D. 社会服务

14. 我国经济已由高速增长阶段转向（　　），正处在转变发展方式、优化经济结构、转换增长动力的攻关期。

A. 高质量发展阶段　　B. 中高速阶段

C. 低速阶段　　D. 高水平发展阶段

15. 国有企业是中国特色社会主义的重要物质基础和政治基础，关系（　　）地位的巩固，关系我们党的执政地位和执政能力，关系我国社会主义制度。

A. 人民主体　　B. 公有制主体

C. 经济体制主体　　D. 社会发展主体

二、多项选择题

1. 我国经济发展处于（　　）阶段，我国发展进入新常态。

A. 增长速度换挡期　　B. 结构调整阵痛期

C. 质量转型提升期　　D. 前期刺激政策消化期

2. 构建高水平社会主义市场经济体制，关键是要处理好（　　）和（　　）的关系。

A. 政府　　B. 市场

C. 人民　　D. 发展

3. 进入（　　）、贯彻（　　）、构建（　　），是由我国经济社会发展的理论逻辑、历史逻辑、现实逻辑决定的，三者紧密关联。

A. 新发展阶段　　B. 新发展理念

C. 新发展格局　　D. 新发展时期

4. 建设现代化产业体系，就是要（　　）。

A. 建设创新引领、协同发展的产业体系，建设统一开放、竞争有序的市场体系

B. 建设体现效率、促进公平的收入分配体系，建设彰显优势、协调联动的城乡区域发展体系

C. 建设资源节约、环境友好的绿色发展体系

D. 建设多元平衡、安全高效的全面开放体系

5. 关于乡村振兴，说法正确的是（　　）。

A. 农业农村现代化是总目标

B. 坚持农业农村有限发展是总方针

C. 产业兴旺、生态宜居、乡风文明、治理有效、生活富裕是总要求

D. 建立健全城乡融合发展体制机制和政策体系是制度保障

三、判断题

1. 创新是引领发展的第一动力，必须坚持创新在我国现代化建设全局中的核心地位。（　　）

2. 高质量发展是全面建设社会主义现代化国家的首要任务。（　　）

3. 公有制经济是指国有经济和集体经济。（　　）

4. 构建高水平社会主义市场经济体制，关键是要处理好政府和市场的关系。（　　）

5. 教育强国是社会主义现代化强国的根基。（　　）

四、简答题

1. 高质量发展具有哪些战略意义？

2. 如何大力推动构建新发展格局？

第五部分　材料分析

结合材料，回答问题。

材料 1：2015 年 10 月 26 日，习近平总书记在《关于〈中共中央关于制定国民经济和社会发展第十三个五年规划的建议〉的说明》中指出：“发展理念是发展行动的先导，是管全局、管根本、管方向、管长远的东西，是发展思路、发展方向、发展着力点的集中体现。发展理念搞对了，目标任务就好定了，政策举措也就跟着好定了。为此，建议稿提出了创新、协调、绿色、开放、共享的发展理念，并以这五大发展理念为主线对建议稿进行谋篇布局。”

材料 2：党的十八大以来，为统筹区域协调发展，党中央先后制定了京津冀协同发展、长江经济带发展、粤港澳大湾区建设、海南自由贸易港建设、长江三角洲区域一体化发展、黄河流域生态保护和高质量发展等区域重大战略，实施乡村振兴战略和新型城镇化战略，完善西部大开发、东北振兴、中部崛起、东部率先发展四大区域板块战略，实施主体功能区战略，加大对革命老区、民族地区、边疆地区、欠发达地区的支持力度，发展海洋经济。通过一系列具有全局性意义的重大战略，我国在缩小区域发展差距、增强地区增长极引擎作用、树立重要功能区关键功能、振兴特殊类型区发展、提高基本公共服务均等化、均衡基础设施通达水平、提高人民基本生活保障水平等方面均获得了历史性的突破与成就。

材料 3：人与自然和谐共生是实现永续发展的基础。中方愿同东盟开展应对气候变化对话，加强政策沟通和经验分享，对接可持续发展规划。要共同推动区域能源转型，探讨建立清洁能源合作中心，加强可再生能源技术分享。要加强绿色金融和绿色投资合作，为地区低碳可持续发展提供支撑。中方愿发起中国东盟农业绿色发展行动计划，提高各国农业发展的韧性和可持续性。要增强中国—东盟国家海洋科技联合研发中心活力，构建蓝色经济伙伴关系，促进海洋可持续发展。

（材料 1 参见《关系我国发展全局的一场深刻变革：习近平总书记完整准确全面贯彻新发展理念重要论述综述》，新华网，2021 年 12 月 8 日。

材料 2 参见钟韵：《完整、准确、全面贯彻新发展理念　促进区域高质量协调发展》，《光明日报》2023 年 2 月 21 日。

材料 3 参见习近平：《命运与共　共建家园——在中国—东盟建立对话关系 30 周年纪念峰会上的讲话》，《人民日报》2021 年 11 月 23 日。）

结合材料，谈谈你对新发展理念的认识。

参考答案

专题一

第四部分　习题训练

一、单项选择题

1.D 2.D 3.A 4.C 5.B 6.B 7.D 8.C 9.D 10.C 11.A 12.D

二、多项选择题

1.ABC 2.ABCD 3.ABC 4.ABCD 5.ACD

三、判断题

1.× 2.× 3.√ 4.√ 5.√

四、简答题

1. 二者既相互区别，又密切联系、相互依存。（1）人生的自我价值是个体生存和发展的必要条件，人生的自我价值的实现是个体为社会创造更大价值的前提。（2）人生的社会价值是社会存在和发展的重要条件，人生社会价值的实现是个体自我完善、全面发展的保障。

2. 第一，正确看待得与失。不要过于看重一时的“得”；不要惧怕或斤斤计较一时的“失”；要跳出对个人得失的计较。第二，正确看待苦与乐。苦与乐既对立又统一，又在一定条件下可以相互转化。第三，正确看待顺与逆。顺境和逆境是人生历程中两种不同的境遇。无论是顺境还是逆境，对人生的作用都是双重的。只有善于利用顺境，勇于正视逆境和战胜逆境，人生价值才能够实现。第四，正确看待生与死。如何认识、对待生与死，体现了一个人人生境界的高低。大学生应珍爱生命、珍惜韶华，在服务人民、投身民族复兴伟大事业中发掘出生命所蕴藏的巨大潜能，努力给有限的个体生命赋予更大的意义。第五，正确看待荣与辱。荣辱观对个人的思想行为具有鲜明的动力、导向和调节作用。

3.（1）与历史同向。当代大学生要正确认识世界和中国的发展大势，尊重并顺应历史的选择和人民的选择，准确把握我国发展所处的重要战略机遇期，提升民族自信心，增强时代责任感，与历史同步伐，与时代共命运。（2）与祖国同行。青年只有自觉将人生目标同国家和民族的前途命运紧紧联系在一起，才能最大程度地实现人生价值。当代大学生要正确认识国家和民族赋予的历史使命和时代责任，自觉与国家和民族共奋进、同发展。（3）与人民同在。人民群众是历史的创造者，是国家的主人，大学生要在为人民群众服务、实现人民群众利益的过程中实现人生价值。（4）在实践中创造有价值的人生。社会实践是实现人生价值的必由之路。崇高的人生价值目标要靠社会实践才能转化为现实，辉煌的人生价值只有在创造性的社会实践中才能实现。

第五部分　材料分析

【答案要点】

1. 投身基层的青年学子利用专业特长服务乡村，助力脱贫攻坚，在广阔天地中发挥自身所长，实现人生价值。

2. 边疆是青年人干事创业的大舞台和圆梦场，未来应该有更多青年学子踊跃投身基层，投身边疆，通过努力奋斗，建设、振兴边疆，服务边疆人民，建功新时代。

专题二

第四部分　习题训练

一、单项选择题

1.D　2.A　3.C　4.D　5.A　6.D　7.D　8.A　9.D　10.D　11.B　12.A

二、多项选择题

1.ABC　2.ABC　3.ACD　4.ABD　5.ABC

三、判断题

1. ×　2. ×　3. √　4. √　5. ×

四、简答题

1.（1）理想信念昭示奋斗目标。（2）理想信念提供前进动力。（3）理想信念提供精神支柱。（4）理想信念提高精神境界。

2. 第一，个人理想以社会理想为指引。第二，社会理想是对个人理想的凝练和升华。当社会理想同个人理想有矛盾冲突的时候，有志气、有抱负的人可以作出最大的自我牺牲，使个人的理想服从于全社会的共同理想。

3.（1）立鸿鹄志，做奋斗者。青年志存高远，就能激发奋进潜力，青春岁月就不会像无舵之舟漂泊不定。树雄心、立壮志，是关系大学生一生前途命运的重大课题。（2）心怀“国之大者”，敢于担当。大学生要牢记“空谈误国、实干兴邦”，志存高远、脚踏实地、埋头苦干，充分展现自己的抱负和激情，在“真刀真枪”的实干中成就一番事业。（3）自觉躬身实践，知行合一。“空谈误国、实干兴邦”，崇高理想的实现需要一点一滴地奋斗，需要在实干中成就。

第五部分　材料分析

【答案要点】

1. 理想与信念是如影随形，相互依存的。理想是信念的根据和前提，信念则是理想实现的重要保障。理想信念的作用与意义主要表现在：第一，指引奋斗目标。理想信念对人生历程起着导向作用，是人的思想和行为的定向器。材料中的黄旭华、黄大年等人物青年时期即树立了正确的理想信念。第二，提供前进动力。有了坚定正确的理想信念，就会以惊人的毅力和不懈的努力，成就事业、创造奇迹。材料中黄旭华、黄大年等人物正是在正确的理想信念的指引下，对社会作出了突出贡献。第三，提高精神境界。理想信念一方面使人的精神生活的各个方面统一起来，另一方面又引导着人们不断追求更高的人生目标，塑造高尚的人格。材料中黄旭华、黄大年等人物的成功离不开个人高尚的人格。因此，青年时代确立正确的理想信念能够为人的一生提供“无穷的力量”。

2. 材料通过对黄大年等人物事迹的阐释，使我们知道青年学生只有把实现理想的道路建立在脚踏实地的奋斗上，才能放飞青春梦想，实现人生理想。第一，立志高远。志向高远，就是要放开眼界，不满足现状也不屈服于一时一地的困难与挫折，更不斤斤计较个人私利的多少与得失。第二，立志做大事。青年学生应该把个人的命运与国家和人民的命运联系在一起，在为实现社会理想而奋斗的过程中实现个人理想。第三，立志须躬行。崇高理想的实现需要一点一滴的奋斗。通往理想的路是遥远的，但起点就在脚下，在一切平凡的岗位上，在扎扎实实地学习和工作中。第四，伟大出自平凡。祖国的富强、民族的繁荣、人民的幸福，需要每一个社会成员尽其才、奋其志。

专题三

第四部分　习题训练

一、单项选择题

1.B 2.D 3.B 4.A 5.D 6.B 7.D 8.C 9.B 10.A 11.C 12.A

二、多项选择题

1.ABCD 2.ABCD 3.ABC 4.ABCD 5.AB

三、判断题

1. √ 2. √ 3. √ 4. × 5. ×

四、简答题

1.（1）爱祖国的大好河山。祖国的大好河山，不只是自然风光，还是主权、财富、民族发展和进步的基本载体。维护祖国领土的完整和统一，是每个人的神圣使命和义不容辞的责任。

（2）爱自己的骨肉同胞。骨肉同胞之爱反映了对民族利益共同体的自觉认同，是检验一个人对祖国忠诚程度的试金石。

（3）爱祖国的灿烂文化。文化是一个国家、一个民族的灵魂，是一个国家民族得以延续的精神基因，是涵养民族心理、民族个性、民族精神的摇篮，是民族凝聚力的重要基础。

（4）爱自己的国家。国家是个人成长发展的基本屏障和坚实依托，个体和国家之间相互依存、密不可分，这也是深刻的爱国理由。

2.（1）坚持爱国爱党爱社会主义相统一。

（2）维护祖国统一和民族团结。

（3）尊重和传承中华民族历史和文化。

（4）坚持立足中国又面向世界。

3. 第一，夯实创新基础。大学生作为改革创新的生力军，应从扎实系统的专业知识学习起步和入手，而不能好高骛远，空谈改革创新。

第二，培养创新思维。大学生在专业学习与社会实践中应自觉培养创新型思维，勤于思考，善于发现，勇于创新。

第三，投身创新实践，大学生应当在全面深化改革的伟大实践中深深发扬改革创新精神，增强改革创新的意识，锤炼改革创新的意志，增强改革创新的能力本领，勇做改革创新的实践者和生力军。

第五部分　材料分析

【答案要点】

1.（1）英雄烈士的事迹和精神体现了其是以爱国主义为核心的民族精神的真实写照，是中国精神的重要内容。英雄烈士的事迹和精神是维护祖国统一和民族团结的纽带，是实现中华民族伟大复兴的动力，是实现人生价值的力量源泉，是中华民族共同的历史记忆和宝贵的精神财富。

（2）英雄烈士从事革命活动的目的就是要为革命利益而奋斗，在个人利益与革命利益发生矛盾时，要“以革命利益为第一生命，以个人利益服从革命利益”。正如邓小平所说：“为了国家和集体的利益，为了人民大众的利益，一切有革命觉悟的先进分子必要时都应当牺牲自己的利益。”始终把革命利益放在首位，极大地激发了革命者为集体而献身的斗志，使革命队伍形成了前所未有的向心力和凝聚力，也使革命事业不断蓬勃向前发展。中国革命道德在要求一切革命者和先进分子自觉地以个人利益服从革命利益的同时，也要求革命的集体和领导始终不渝地从各个方面照顾每个革命成员的个人利益，关心他们的事业成就和个人的全面发展。

（3）中国革命道德内容丰富、历久弥新。红船精神、井冈山精神、苏区精神、长征精神、延安精神、西柏坡精神等红色精神中蕴含的革命道德，都是中国共产党领导全体人民实现民族独立、人民解放的精神支撑和思想武器，对于我们走好新时代的长征路，实现中华民族伟大复兴仍然具有极其重要的现实意义。第一，有利于加强和巩固社会主义和共产主义的理想信念。第二，有利于培育和践行社会主义核心价值观。第三，有利于引导人们树立正确的道德观。第四，有利于培育良好的社会道德风尚。

2. 我国社会主义法律是中国特色社会主义建设的重要保障。法的社会作用是从法在社会生活中要实现的目的角度来认识的。我国法律的社会作用体现了社会主义的本质要求，经济发展、政治清明、文化昌盛、社会公正、生态良好，都离不开社会主义法律的引领、规范和保障。

《中华人民共和国英雄烈士保护法》是加强对英雄烈士的保护，维护社会公共利益，传承和弘扬英雄烈士精神、爱国主义精神，培育和践行社会主义核心价值观，激发实现中华民族伟大复兴中国梦的强大精神力量。

专题四

第四部分　习题训练

一、单项选择题

1.D 2.C 3.A 4.B 5.C 6.A 7.C 8.A 9.B 10.A

二、多项选择题

1.ACD 2.ABCD 3.ABCD 4.ABC 5.ABCD 6.ACD

三、判断题

1. √ 2. × 3. √ 4. √ 5. ×

四、简答题

1. 党的十八大提出，要倡导富强、民主、文明、和谐，倡导自由、平等、公正、法治，倡导爱国、敬业、诚信、友善，积极培育和践行社会主义核心价值观。这是中国共产党凝聚全党全社会价值共识作出的重要论断。

2.（1）中华优秀传统文化成为涵养社会主义核心价值观的重要源泉。（2）不忘本来才能开辟未来，善于继承才能更好创新。培育和弘扬社会主义核心价值观，必须从中华优秀传统文化中汲取丰富营养。

3.（1）勤学。下得苦功夫，求得真学问。知识是树立社会主义核心价值观的重要基础。（2）修德。加强道德修养，注重道德实践。国无德不兴，人无德不立。一个人只有明大德、守公德、严私德，其才方能用得其所。（3）明辨。善于明辨是非，善于决断选择。大学生要善于明辨是非，善于判断选择，旗帜鲜明地弘扬真善美、贬斥假恶丑，澄清模糊认识，匡正失范行为，自觉做良好道德风尚的建设者、社会文明进步的推动者。（4）笃实。扎扎实实干事，踏踏实实做人。道不可坐论，德不能空谈。于实处用力，做到知行合一，核心价值观才能内化为人们的精神追求，外化为人们的自觉行动。

第五部分　材料分析

【答案要点】

1. 家风是一个人精神成长的重要源头，家风直接影响一个人做人做事的风格和为人处世的风格。中华民族优秀文化传统作为一个民族群体意识的载体，常常被称为国家和民族的“胎记”，是一个民族得以延续的“精神基因”，是培养民族心理、民族个性、民族精神的“摇篮”，更是一个民族的基因，是一个民族的血脉。

重精神是中华民族的优良传统，中华民族崇尚精神的优秀传统，首先表现在对物质生活和精神生活相互关系的独到理解上。古圣先贤认为，人之所以异于禽兽，在于人有道德，有精神追求，在中国传统文化中，重视并崇尚精神生活，是古代思想家们的主流观点。

中华传统美德是人类文明发展的重要精神财富，是我国社会主义道德建设的源头活水，中华传统美德讲究谦敬礼让，强调克骄防矜，追求精神境界，重视道德需要。

所以好家风的传承过程，是中华文化优秀基因的传承。

2. 培育和践行社会主义核心价值观是一项长期的、艰巨的系统工程，这就需要从基础做起，从家庭做起。家风作为中国传统文化传承的重要形式，内含丰富的道德素质教育和价值观培育的内容，理应成为承载社会主义核心价值观宣传教育，推动其得以践行的重要载体。

一方面，良好的家风是社会主义核心价值观的生动写照。中华优秀传统文化，根植于家风之中，正是涵养社会主义核心价值观的重要源泉。另一方面，社会主义核心价值观在良好的家风中得到了延伸和传扬。家庭是社会的细胞，家风是社会风气的细胞。家风自然会向民风辐射，民风自然会向国风延伸。千千万万个家庭的家风好，子女教育得好，社会风气好才有基础。正是在这个意义上，家风的传承，能够更好地弘扬社会主义核心价值观。

专题五

第四部分　习题训练

一、单项选择题

1.C 2.C 3.B 4.B 5.D 6.B 7.A 8.D 9.D 10.B 11.B

二、多项选择题

1.ABC 2.ACD 3.ABCD 4.ABC 5.ABCD 6.ABCD

三、判断题

1. √ 2. × 3. √ 4. √ 5. ×

四、简答题

1.（1）文明礼貌。文明礼貌是调整和规范人际关系的行为准则，与日常生活密切相关，自觉讲文明、懂礼貌、守礼仪，可以塑造真诚待人的良好形象。

（2）助人为乐。把帮助他人视为自己应做之事，以力所能及的方式关心和关爱他人，并从中收获实现人生价值的快乐。

（3）爱护公物。爱护公物是对社会共同劳动成果的珍惜和爱护，是每个公民应该承担的社会责任和义务，既显示出个人的道德修养水平，也是社会文明水平的重要标志。

（4）保护环境。保护环境要求尊重自然、顺应自然、保护自然，像对待生命一样对待生态环境，为建设美丽中国作出自己应有的贡献。

（5）遵纪守法。遵纪守法是全体公民都必须遵循的基本行为准则，是维护公共生活秩序的重要条件，每个社会成员既要遵守国家颁布的有关法律、法规，也要遵守特定公共场所和单位的有关纪律规定。

2.（1）爱岗敬业，就是要干一行爱一行，爱一行钻一行，精益求精，尽职尽责。

（2）诚实守信，要求从业者在职业活动中诚实劳动、合法经营、信守承诺、讲求信誉，体现着从业者的道德操守和人格力量，也是在行业中扎根立足的基础。

（3）办事公道，要求从业人员做到公平、公正，不损公肥私，不以权谋私，不假公济私，无论对人对己都要出于公心，遵循道德和法律规范来处事待人。

（4）热情服务，要求每个人无论从事什么工作、能力如何，都应该在本职岗位上通过不同形式为群众服务，形成人人都是服务者、人人都是服务对象的良好秩序与和谐状态。

（5）奉献社会，要求从业人员在工作岗位上兢兢业业地为社会和他人作贡献，是社会主义职业道德中最高层次的要求，体现了社会主义职业道德的最高目标指向。

3. 尊老爱幼、男女平等、夫妻和睦、勤俭持家、邻里互助。

（1）尊老爱幼。子女要孝敬、赡养父母及长辈，父母要抚育、爱护子女，这不仅是每个公民必须遵守的道德准则，也是应尽的社会责任和法律义务。

（2）男女平等。家庭生活中的男女平等既表现为夫妻权利和义务上的平等，人格地位上的平等，又表现为平等地对待自己的子女。

（3）夫妻和睦。夫妻关系是家庭关系的核心。夫妻和睦是在男女平等基础上的互敬互爱、互助互让。

（4）勤俭持家。勤俭是家庭兴旺的保证，也是社会富足的保证。

（5）邻里互助。邻里互助重要的是相互尊重。

第五部分　材料分析

【答案要点】

1. 工匠精神的实质是对职业道德的遵守，是追求卓越的创造精神、精益求精的品质精神、用户至上的服务精神。工匠精神崇尚劳动和贡献社会的人生价值，通过积极的劳动创造奉献人生、改变世界。

2. 青年一代肩负起国家的未来，青年应当向优秀榜样学习，爱岗敬业、勤奋实践、刻苦钻研，努力提升自身技术水平，涵养内心定力，培养精益求精的气质，力争在百舸争流、千帆竞发的时代洪流中勇立潮头、展现风采，为社会作出自己的贡献。

专题六

第四部分　习题训练

一、单项选择题

1.D 2.D 3.A 4.B 5.D 6.D 7.A 8.A 9.A 10.A

二、多项选择题

1.ABC 2.ABCD 3.ABC 4.CD 5.ABCD 6.ACD 7.ABCD

三、判断题

1. √ 2. √ 3. √ 4. × 5. ×

四、简答题

1.（1）我国社会主义法律既具有鲜明的阶级性，又具有广泛的人民性，体现了阶级性与人民性的统一。我国是中国共产党领导下的社会主义国家，人民是国家的主人，制定法律的权力属于人民。

（2）社会主义法律维护人民的根本利益，巩固中国共产党的领导地位，体现了党的主张和人民意志的统一。中国共产党是中国工人阶级的先锋队，同时是中国人民和中华民族的先锋队，是中国特色社会主义事业的领导核心。

2. 习近平法治思想的主要内容，即“十一个坚持”：坚持党对全面依法治国的领导；坚持以人民为中心；坚持中国特色社会主义法治道路；坚持依宪治国、依宪执政；坚持在法治轨道上推进国家治理体系和治理能力现代化；坚持建设中国特色社会主义法治体系；坚持依法治国、依法执政、依法行政共同推进，法治国家、法治政府、法治社会一体建设；坚持全面推进科学立法、严格执法、公正司法、全民守法；坚持统筹推进国内法治和涉外法治；坚持建设德才兼备的高素质法治工作队伍；坚持抓住领导干部这个“关键少数”。

3.（1）尊重法律权威。

第一，要信仰法律，对法律常怀敬畏之心。

第二，要遵守法律，用实际行动捍卫法律尊严，保障法律实施。

第三，要服从法律，拥护法律的规定，接受法律的约束，履行法定的义务，服从依法进行的管理，承担相应的法律责任。

第四，要维护法律，争当法律权威的守望者、公平正义的守护者、具有良知的护法者。

（2）学习法律知识。

第一，除了从书本上获取法律知识外，还可以通过收听收看法治广播电视节目、阅读法律类报纸杂志，尤其是运用新媒体等途径学习法律知识。

第二，参与法治实践是学习法律知识的有效途径。一是参与立法讨论。二是旁听司法审判。三是参与校园法治文化活动。

（3）养成守法习惯。

第一，增强规则意识。处理问题、作出决定时，要先问问在法律上“是什么”和“为什么”，是否合法可行，坚持依法办事。

第二，守住法律底线。法律红线不可逾越、法律底线不可触碰。法律不能成为“橡皮泥”“稻草人”，触犯法律底线就要受到追究。

（4）提高用法能力。

第一，维护自身权利。当自身的合法权益受到侵害或者威胁时，既要有遇事找法、解决问题用法、化解矛盾靠法的意识，又要掌握维护权利的途径和手段，如自力救济、协商、和解、调解、仲裁、诉讼等。

第二，维护社会利益。大学生除了要维护自身权利外，还要通过法律维护社会公共利益，对违法犯罪行为要敢于揭露、勇于抵制，消除袖手旁观、畏缩不前的恐惧心理，抵制遇事回避的惧法现象。

第五部分　材料分析

【答案要点】

1. 扎实推进依法行政，要转变政府职能，加快建设法治政府；深化行政执法体制改革，全面推进严格规范公正文明执法；加强党的领导，全面提升依法行政能力水平。

2. 领导干部要充分发挥示范带头作用，深入学习贯彻习近平法治思想，牢固树立宪法法律至上、法律面前人人平等、权由法定、权依法使等基本法治观念，带头尊崇法治、敬畏法律，了解法律、掌握法律，遵纪守法、捍卫法治，厉行法治、依法办事。

专题七

第四部分　习题训练

一、单项选择题

1.C 2.D 3.A 4.B 5.C 6.B 7.D 8.B 9.D 10.D

二、多项选择题

1.ABC 2.AC 3.BCD 4.ABC 5.ABCD 6.ABC 7.ABCD 8.BCD 9.ABCD 10.ABCD

三、判断题

1. × 2. √ 3. × 4. √ 5 √

四、简答题

1. 第一，中国式现代化是人口规模巨大的现代化。

第二，中国式现代化是全体人民共同富裕的现代化。

第三，中国式现代化是物质文明和精神文明相协调的现代化。

第四，中国式现代化是人与自然和谐共生的现代化。

第五，中国式现代化是走和平发展道路的现代化。

2. 中国式现代化的本质要求是：坚持中国共产党领导，坚持中国特色社会主义，实现高质量发展，发展全过程人民民主，丰富人民精神世界，实现全体人民共同富裕，促进人与自然和谐共生，推动构建人类命运共同体，创造人类文明新形态。

第五部分　材料分析

【答案要点】

正确处理自立自强与对外开放的关系。独立自主是中华民族精神之魂，是我们立党立国的重要原则。对外开放是中国的基本国策，任何时候都不能动摇。推进中国式现代化，必须坚持独立自主、自立自强，把国家和民族发展放在自己力量的基点上，把中国发展进步的命运牢牢掌握在自己手中；同时坚定扩大对外开放，以开放促改革、促发展，用好国内国际两种资源，拓展中国式现代化的发展空间，在互利共赢中更好地开创未来。

专题八

第四部分　习题训练

一、单项选择题

1.B 2.A 3.A 4.B 5.D 6.A 7.B 8.A 9.A 10.D

二、多项选择题

1.BCD 2.ABCD 3.AB 4.ABCD 5.ABC 6.ABCD 7.BCD 8.AD 9.ABC 10.ABC

三、判断题

1. × 2. √ 3. √ 4. √ 5. ×

四、简答题

1. 走中国特色社会主义政治发展道路，必须坚持党的领导、人民当家作主、依法治国有机统一。党的领导是人民当家作主和依法治国的根本保证，人民当家作主是社会主义民主政治的本质特征，依法治国是党领导人民治理国家的基本方式，三者统一于我国社会主义民主政治伟大实践。走中国特色社会主义政治发展道路，最根本的是坚持党的领导。要加强党中央集中统一领导，改进党的领导方式和执政方式，扩大人民有序政治参与，维护国家法治统一、尊严、权威，保障我国社会主义民主政治制度有序运行。

2. 第一，加强人民当家作主的制度保障；第二，全面发展协商民主；第三，积极发展基层民主。

第五部分　材料分析

【答案要点】

① 社会主义制度是中国式民主能够“全过程”的最佳土壤。② 党的领导是中国式民主能够“全过程”的根本政治保证。③ 人民代表大会制度是中国式民主能够“全过程”的制度密码。④ 广大人民群众的广泛参与，是中国式民主能够“全过程”的重要推动力量。

专题九

第四部分

一、单项选择题

1.C 2.A 3.A 4.D 5.B 6.D 7.C 8.D 9.A 10.A 11.D 12.A 13.C 14.A 15.B

二、多项选择题

1.ABD 2.AB 3.ABC 4.ABCD 5.ABCD

三、判断题

1. √ 2. √ 3. × 4. √ 5. ×

四、简答题

1. 第一，高质量发展为全面建设社会主义现代化国家提供更为坚实的物质基础。

第二，高质量发展是不断满足人民对美好生活需要的重要保证。

第三，高质量发展是维护国家长治久安的必然要求。

2. 着力推动实施扩大内需战略同深化供给侧结构性改革有机结合；着力发展实体经济；着力加快科技自立自强；着力推动产业链供应链优化升级。

第五部分　材料分析

【答案要点】

新发展理念具有丰富的科学内涵和具体的实践要求。创新是引领发展的第一动力，创新发展注重的是解决发展动力问题，必须坚持创新在我国现代化建设全局中的核心地位，让创新贯穿党和国家一切工作，全面提升创新能力和效率，把创新发展主动权牢牢掌握在自己手中。协调是持续健康发展的内在要求，协调发展注重的是解决发展不平衡问题，必须正确处理局部和全局、当前和长远、重点和非重点的关系，在发展中促进相对平衡，不断增强发展的整体性。绿色是永续发展的必要条件和人民对美好生活追求的重要体现，绿色发展注重的是解决人与自然和谐共生问题，必须实现经济社会发展和生态环境保护协同共进，加快发展方式绿色转型，推动形成绿色低碳的生产方式和生活方式。开放是国家繁荣发展的必由之路，开放发展注重的是解决发展内外联动问题，必须推动形成更大范围、更宽领域、更深层次对外开放格局，不断增强我国国际经济合作和竞争新优势。共享是中国特色社会主义的本质要求，共享发展注重的是解决社会公平正义问题，必须坚持全民共享、全面共享、共建共享、渐进共享，不断推进全体人民共同富裕。新发展理念是一个系统的理论体系，回答了关于发展的目的、动力、方式、路径等一系列理论和实践问题，阐明了我们党关于发展的政治立场、价值导向、发展模式、发展道路等重大政治问题，深化了我们党对中国特色社会主义经济发展规律的认识，开拓了中国特色社会主义政治经济学新境界。